Der Kleine Buch Verlag

**Impressum**

Die deutsche Nationalbibliothek verzeichnet diese Publikation in der Deutschen Nationalbibliografie; detaillierte bibliografische Daten sind im Internet unter www.dnb.de abrufbar.



Projektmanagement, Lektorat und Korrektorat: Natascha Matussek
Redaktion, Satz und Layout: Sonia Lauinger
Fotos: Moris Lauinger
Druck: hofmann infocom GmbH, Nürnberg
Mit Porzellan von Angela Johe
Angela Johe Porzellan
www.johe-porzellan.de



ISBN 978-3-7650-8647-2

www.derkleinebuchverlag.de

www.facebook.com/DerKleineBuchVerlag

Petra Kipp

# Milchfrei kochen

# Inhalt

# Vorwort

# Vorwort

Milchfrei kochen? Warum? Als Oecotrophologin in einer Praxis für Ernährungsberatung und -therapie habe ich häufig mit Menschen Kontakt, die unter einer Kuhmilcheiweißallergie oder einer Laktoseintoleranz leiden und auf alle oder einige Milchprodukte und Käse verzichten müssen.

Häufig treten Fragen auf wie: Ein Auflauf überbacken ohne Käse? Ein Rührkuchen ohne Milch? Pfannkuchen ohne Milch? Einen Tiramisu ohne Mascarpone? Wie mache ich das?

Eine betroffene Freundin hat mich auf die Idee gebracht, dieses Kochbuch zu schreiben. Es soll Lust auf Kochen machen, auch wenn die Lebensmittelauswahl eingeschränkt ist. Die Rezepte sind alltagstauglich, schnell zubereitet und leicht nachzukochen. Lernen Sie Gerichte kennen, die nicht nur den betroffenen Personen schmecken. Natürlich finden Sie auch einige Rezepte für besondere Anlässe, die dann schon mal etwas aufwändiger sein können.

In einigen Rezepten werden Ersatzprodukte für Milch oder Michprodukte verwendet, wie z.B. Soja-, Reis- oder Hafer-Drinks und -Creme. Diese Ersatzprodukte werden mittlerweile in vielen Supermärkten angeboten. Welches Produkt Sie verwenden, ist von Ihrem Geschmack oder eventuell einer weiteren Allergie oder Unverträglichkeit abhängig. Ich persönlich verwende für Desserts gerne Reis- oder Haferprodukte, da Sojaprodukte einen intensiveren Eigengeschmack haben.

In den Rezepten werden teilweise Zutaten verwendet, in denen eventuell Milch enthalten sein könnte, wie z.B. Margarine. In diesem Buch wird nicht explizit in jedem Rezept darauf hingewiesen. Für betroffene Personen empfiehlt es sich immer, die Zutatenliste von Produkten genau zu lesen. Wenn in den Rezepten Brühe verwendet wird, kann selbst hergestellte oder gekaufte Brühe verwendet werden. Sie sollten bei gekauften Produkten unbedingt die Zutatenliste beachten und möglichst Produkte ohne Geschmacksverstärker wählen.

Sofern nicht anders angegeben, beziehen sich die Mengenangaben in den Rezepten jeweils auf vier Personen. Bei Rezepten für Gerichte, die im Ofen gebacken werden, ist die Temperatur für einen Ofen mit Ober- und Unterhitze angegeben. Bei Heißluftherden die Temperatur einfach 20 Grad niedriger einstellen.

Viel Spaß beim Kochen und Genießen!

*Petra Kipp*

# Das Team

Es braucht eine Verlegerin, die von einer Ernährungsberaterin darauf aufmerksam gemacht wird, dass es viele Menschen mit einer Laktoseintoleranz oder einer Kuhmilcheiweißunverträglichkeit gibt, aber zu wenig Kochbücher, die dies berücksichtigen. Das sollte sich ändern! Ein gutes Konzept muss her. Richtig rund wird das Konzept mit einem Fotografen, der die Rezepte einfühlsam bebildert.

An drei langen Wochenenden mit langen Tagen und kurzen Nächten entstehen beim Fotoshooting die Bilder für dieses Kochbuch. Petra kocht, Sonia stylt und Moris fotografiert.

Das Ergebnis dieser sehr inspirierenden und fruchtbaren Zusammenarbeit ist das vorliegende Buch.

**Moris Lauinger**, der 1988 in Rheinfelden im Badischen geboren wurde, studierte Foto-Design an der Lazi-Akademie in Esslingen. Seine professionellen Aufnahmen komplettieren kongenial jedes Projekt, an dem er mitarbeitet.

**Sonia Lauinger**, 1970 in Frankfurt am Main geboren, ausgebildete EDV-Kauffrau und mutige Gründerin des Verlags „Der Kleine Buch Verlag“ lebt mit ihrer Familie in Karlsruhe und steckt sehr viel Herzblut in die von ihr verlegten Bücher.

**Petra Kipp** wurde 1971 in Rheine in Westfalen geboren. An der Fachhochschule in Münster hat sie Oecotrophologie studiert. Sie lebt mit ihrer Familie in Karlsruhe und arbeitet dort in einer Praxis für Ernährungsberatung und -therapie.

Kapitel 1

# Snacks & Salate

# Tomaten Salsa

## Zutaten

1 große Dose ganze Tomaten

1 Zwiebel

1 – 2 Knoblauchzehen nach Geschmack

1 – 2 getrocknete Chilischoten

1 Handvoll Korianderblätter

## Anleitung

1. Den Koriander waschen und fein hacken.
2. Die Zwiebel und den Knoblauch schälen und in ganz feine Würfel schneiden.
3. Die Tomaten aus der Dose nehmen, ebenfalls fein hacken.
4. Alle Zutaten miteinander vermischen. Die getrockneten Chilischoten zwischen den Fingern zerreiben und dazugeben. Noch einmal gut mischen.
5. Etwa 2 Std. durchziehen lassen.

## Zubereitungszeit

ca. 15 Min.
2 Std. Ruhezeit

## Tipp

*Dieses Gericht stammt aus der mexikanischen Küche. Dort wird die Salsa traditionell mit Mörser und Stößel hergestellt.*

*Als Dip mit Mais-Chips serviert, eine leckere Vorspeise.*
*Die Salsa schmeckt aber auch sehr gut zu gegrilltem Fleisch. Nach Geschmack noch Öl und Essig dazugeben.*

# Avocado Dip

## Zutaten

1 kleine Zitrone

1 reife Avocado

½ Bund glatte Petersilie oder

Koriander

Salz

1 - 2 getrocknete Chilischoten

## Anleitung

1. Die Zitrone halbieren und auspressen.
2. Die Avocado halbieren, den Stein entfernen und mit einem Löffel aushöhlen. Das Fruchtfleisch mit dem Zitronensaft beträufeln.
3. Petersilie oder Koriander waschen und zum Fruchtfleisch geben.
4. Mit Salz und den getrockneten Chilischoten würzen und alles pürieren.

## Zubereitungszeit

ca. 15 Min.

## Tipp

*Ich bereite den Dip immer frisch zu, da er sich nach einiger Zeit leicht braun verfärbt.*

# Hoummous

## Zutaten

200 g getrocknete Kichererbsen

3 Knoblauchzehen

2 EL Zitronensaft

3 EL Sesampaste

4 EL Olivenöl

Salz

Cayennepfeffer

½ TL Paprikapulver

½ Bund glatte Petersilie

## Anleitung

1. Kichererbsen über Nacht einweichen und am nächsten Tag etwa 60 Minuten weich kochen.
2. Den Knoblauch schälen und würfeln.
3. Die Kichererbsen mit Zitronensaft, Sesampaste, Olivenöl, Gewürzen und gehacktem Knoblauch zu einer dicken Creme pürieren.
4. Die Petersilie waschen, trocken schütteln, hacken und über den Hoummous streuen.

## Zubereitungszeit

ca. 75 Min.
plus Einweichzeit über Nacht

## Tipp

*Wenn es schnell gehen muss, einfach Kichererbsen aus der Dose verwenden. Das spart die Einweichzeit und die Kochzeit.*

*Sesampaste, auch bekannt als Tahini oder Tahin, ist eine Paste aus fein gemahlenen Sesamkörnern. Sie stammt aus der orientalischen Küche und ist eine Grundzutat des Hoummous, das mit Fladenbrot als Vorspeise angeboten wird.*

# Radieschen Salat

## Zutaten

2 – 3 Bund Radieschen

1 Bund Schnittlauch

Für das Dressing

2 – 3 EL Zitronensaft

2 EL Öl

Salz, Pfeffer

1 – 2 Prisen Zucker

## Anleitung

1. Die Radieschen waschen, putzen und in Scheiben schneiden.
2. Für das Dressing Zitronensaft und Öl mit Salz, Pfeffer und Zucker verrühren.
3. Den Schnittlauch in feine Röllchen schneiden.
4. Die Radieschen und den Schnittlauch in eine Schüssel geben und mit der Marinade mischen.

## Zubereitungszeit

ca. 20 Min.

## Tipp

*Schnittlauch lässt sich prima mit einer Schere in feine Röllchen schneiden.*

# Paprika Apfel Salat

## Zutaten

2 rote Paprika

1 säuerlicher Apfel

Zitronensaft

Für das Dressing

2 EL Weißweinessig oder Obstessig

2 EL Öl

Salz, Pfeffer

## Anleitung

1. Paprika putzen, waschen und vierteln. Dann in sehr feine Streifen schneiden.
2. Apfel waschen, vierteln und das Kerngehäuse entfernen. Mit Zitronensaft beträufeln, damit der Apfel nicht braun wird. Ebenfalls in feine Streifen schneiden.
3. Apfel- und Paprikastreifen in einer Schüssel mischen.
4. Für das Dressing Essig und Öl mit Salz und Pfeffer verrühren, über den Salat geben.
5. Alles nochmal durchmischen.

## Zubereitungszeit

ca. 20 Min.

## Tipp

*Sehr gut eignen sich die Apfelsorten Elstar, Cox Orange oder Boskop.*

# Chicoréeschiffchen mit Orangen

## Zutaten

2 Chicorée

1 Orange

Für das Dressing

1 TL Süßer Senf

1 EL weißer Balsamicoessig

2 EL Orangensaft

1 EL Nussöl

Salz, Pfeffer

## Anleitung

1. Die Chicoréeblätter abtrennen und auf einen Teller legen.
2. Die Orange schälen und in Spalten teilen.
3. Jeweils eine Orangenspalte auf ein Chicoréeblatt legen.
4. Für das Dressing den Süßen Senf mit Orangensaft, Essig, Öl und den Gewürzen zu einer Vinaigrette verarbeiten.
5. Das Dressing mit einem Löffel über die Chicoréeschiffchen verteilen.

## Zubereitungszeit

ca. 15 Min.

## Tipp

*Chicorée ist ein tolles Wintergemüse. Er kann roh verwendet werden für Salate oder leicht gedünstet als Gemüse. Den Strunk nicht mitessen, er schmeckt bitter.*

# Chinakohl Salat

## Zutaten

½ Chinakohl

2 Orangen

Für das Dressing

1 TL Süßer Senf

4 EL Orangensaft

2 EL Weißweinessig

2 EL Walnussöl

## Anleitung

1. Den Chinakohl waschen und in Streifen schneiden.
2. Die Orangen schälen und in Stücke schneiden.
3. Für das Dressing alle Zutaten miteinander verrühren.
4. Alles in einer Schüssel mischen.

## Zubereitungszeit

ca. 15 Min.

## Tipp

*Chinakohl ist sehr mild und schmeckt meistens auch Kindern gut.*

# Gemüse Salat

## Zutaten

2 gelbe Paprika

1 kleine Zucchini

2 Zwiebeln

4 Tomaten

1 Kästchen Kresse

Für das Dressing

1 TL Senf

2 EL Öl

3 – 4 EL Essig

Salz, Pfeffer

## Anleitung

1. Paprika und Zucchini waschen, putzen und in feine Würfel schneiden.
2. Zwiebeln schälen, halbieren und in der Mitte einschneiden. Dann in sehr feine Streifen schneiden.
3. Tomaten halbieren, mit einem Löffel entkernen und in kleine Würfel schneiden.
4. Das Gemüse in eine Schüssel geben und miteinander vermengen.
5. Für das Dressing Senf, Öl und Essig mit Salz und Pfeffer gut verrühren. Das Dressing mit dem Gemüse mischen und den Salat mindestens eine Stunde durchziehen lassen.
6. Vor dem Servieren die Kresse waschen, trocken schütteln und über den Salat streuen.

## Zubereitungszeit

ca. 25 Min.
mind. 1 Std. Ruhezeit

## Tipp

*Der Salat sieht noch bunter aus, wenn man rote Zwiebeln verwendet.*

*Kresse lässt sich leicht selbst ziehen. Hierzu Küchenpapier oder Watte auf einen Teller legen und anfeuchten. Die Kresse darauf aussäen und feucht halten. Auf die Fensterbank stellen. Nach etwa 1 bis 2 Wochen kann die Kresse geerntet werden. Einfach mit einer Schere abschneiden.*

# Grüne Bohnen Salat

## Zutaten

750 g grüne Bohnen

2 – 3 Stängel Bohnenkraut

3 Tomaten

1 kleine Zwiebel

Für das Dressing

2 – 3 EL Weißweinessig

2 EL Olivenöl

Salz, Pfeffer

## Anleitung

1. Bohnen waschen, putzen und in Stücke schneiden. In Salzwasser mit Bohnenkraut etwa 10 bis 15 Minuten kochen, abgießen und abkühlen lassen.
2. Tomaten waschen, entkernen und fein würfeln.
3. Die Zwiebel schälen und fein würfeln.
4. Essig, Öl, Salz und Pfeffer verrühren und mit Bohnen, Tomaten und Zwiebeln mischen.

## Zubereitungszeit

ca. 40 Min.

## Tipp

*Grüne Bohnen immer kochen, also nicht roh verzehren, da sie den natürlichen Schadstoff Phasin enthalten. Durch das Kochen wird das Phasin zerstört und die Bohnen werden genießbar.*

# Rotkohlsalat mit Apfel

## Zutaten

1 kleiner Rotkohl

1 säuerlicher Apfel

<u>Für das Dressing</u>

3 EL dunkler Balsamicoessig

2 EL Öl

75 ml naturtrüber Apfelsaft

1 EL Johannisbeergelee

1 Prise Zimt

Salz, Pfeffer

## Anleitung

1. Den Rotkohl waschen, die äußeren Blätter und den Strunk entfernen. Den Kohl in feine Streifen schneiden.
2. Den Rotkohl in kochendem Salzwasser 1 bis 2 Minuten blanchieren.
3. Den Apfel vierteln und in feine Scheiben schneiden.
4. Aus Essig, Öl, Apfelsaft, Johannisbeergelee und Gewürzen ein Dressing herstellen.
5. Alles mischen und gut durchziehen lassen.

## Zubereitungszeit

ca. 30 Min.

## Tipp

*Ein toller Wintersalat, der auch am nächsten Tag noch wunderbar schmeckt.*

*Beim Blanchieren wird das Gemüse kurz in kochendes Wasser gegeben und anschließend mit kaltem Wasser abgeschreckt.*

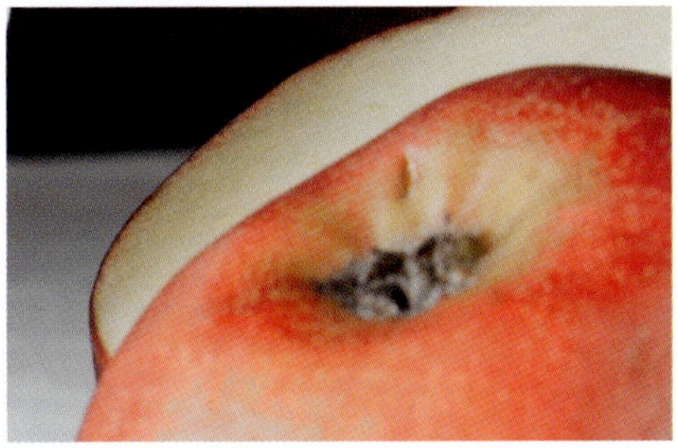

# Feldsalat mit Roter Bete

## Zutaten

250 g Rote Bete

250 g Feldsalat

50 g Walnüsse

Für das Dressing

1 TL körniger Senf

2 EL Balsamicoessig

2 EL Kürbiskernöl

Salz, Pfeffer

## Anleitung

1. Rote Bete in Salzwasser gar kochen, abkühlen lassen, schälen und in Würfel schneiden.
2. Den Feldsalat waschen und putzen.
3. Die Walnüsse hacken.
4. Für das Dressing Senf mit Essig und Öl verrühren und mit Salz und Pfeffer würzen.
5. Den Salat in einer Schüssel oder auf Tellern anrichten, Rote-Bete-Würfel darauf verteilen und das Dressing darüber geben. Mit den gehackten Walnüssen bestreuen.

## Zubereitungszeit

ca. 25 Min.
plus Garzeit für die Rote Bete je nach Größe ca. 30 bis 50 Min.

## Tipp

*Rote Bete wird mittlerweile vorgekocht und in Folie eingeschweißt angeboten. Das spart Zeit, wenn es mal schnell gehen muss.*
*Frisch gekocht schmeckt mir Rote Bete aber besser.*

*Beim Schälen und Schneiden trage ich immer Einmalhandschuhe.*

*Das Schneidbrett spüle ich immer gleich ab, damit es sich nicht rot verfärbt.*

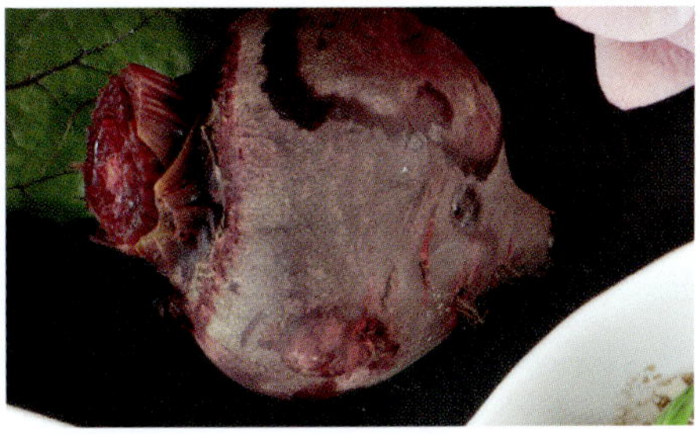

# Rotwein zwiebeln

## Zutaten

500 g rote Zwiebeln

1 – 2 EL Öl

50 ml Rotwein

4 EL dunkler Balsamicoessig

50 ml Wasser

1 EL Honig

7 Blätter Salbei oder

2 TL getrockneter Salbei

Salz, Pfeffer

## Anleitung

1. Zwiebeln schälen und vierteln.
2. Öl in einem Topf erhitzen und die Zwiebeln darin kurz andünsten.
3. Mit Wein, Essig und 50 ml Wasser ablöschen.
4. Honig und Salbei dazugeben und etwa 10 Minuten köcheln lassen.
5. Mit Salz und Pfeffer abschmecken.
6. Vor dem Servieren mehrere Stunden kalt stellen.

## Zubereitungszeit

ca. 20 Min.
plus 6 – 8 Std. Ruhezeit

## Tipp

*Rotweinzwiebeln passen wunderbar auf einen Antipasti-Teller.*

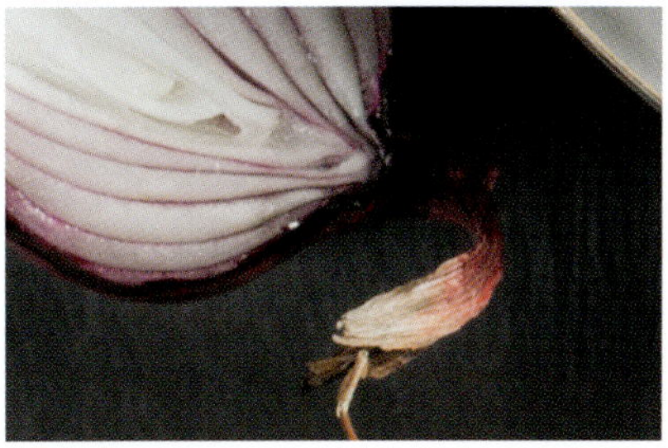

# Weiße Bohnen Thunfischsalat

## Zutaten

3 Frühlingszwiebeln

1 Dose weiße Bohnen

1 Dose Thunfisch natur

Für das Dressing

2 – 3 EL weißer Balsamicoessig

2 EL Olivenöl

Salz, Pfeffer

## Anleitung

1. Frühlingszwiebeln putzen und in feine Ringe schneiden.
2. Bohnen abgießen und in eine Schüssel geben.
3. Thunfisch zerpflücken und dazugeben.
4. Die Frühlingszwiebeln untermengen.
5. Aus Essig, Öl, Salz und Pfeffer ein Dressing zubereiten und untermischen.

## Zubereitungszeit

ca. 15 Min.

## Tipp

*Statt der Frühlingszwiebeln verwende ich manchmal eine rote Zwiebel.*

*Der Salat ist sehr beliebt bei meiner Familie, da er uns an einen tollen Campingurlaub mit Freunden in Italien erinnert.*

*Variation:*
*Der Salat lässt sich auch mit getrockneten Bohnen zubereiten. Dazu die Bohnen über Nacht einweichen und am nächsten Tag in dem Einweichwasser etwa 1 bis 1 ½ Stunden kochen.*

# Zartweizensalat mit Gemüse

## Zutaten

125 g Zartweizen

1 rote Paprika

1 gelbe Paprika

3 Frühlingszwiebeln

2 Tomaten

<u>Für das Dressing</u>

1 TL Senf

2 EL Öl

2 EL Essig

Salz, Pfeffer, Kräuter

## Anleitung

1. Den Weizen nach Packungsanweisung kochen und abkühlen lassen.
2. Gemüse waschen und putzen. Paprika in kleine Würfel schneiden. Frühlingszwiebeln in Ringe schneiden. Tomaten ebenfalls würfeln.
3. Den Weizen und das Gemüse in eine Schüssel füllen und miteinander mischen.
4. Für das Dressing alle Zutaten miteinander verrühren und über den Salat geben. Gut durchmischen.

## Zubereitungszeit

ca. 25 Min.
plus 10 – 15 Min. Kochzeit und Abkühlzeit für den Weizen

## Tipp

*Zartweizen ist ein vorgegarter Weizen. Dadurch verkürzt sich die Kochzeit.*

*Kräuter für das Dressing können nach Geschmack gewählt werden. Gut eignen sich z.B. Schnittlauch und Petersilie.*

*Ich nehme den Salat gerne zu Partys mit.*

# Tabouleh

## Zutaten

125 g Bulgur oder alternativ

Couscous

1 Bund glatte Petersilie

1 Handvoll Minzblätter

3 Frühlingszwiebeln

3 – 4 Tomaten

Für das Dressing

1 Zitrone

1 – 2 Knoblauchzehen

3 EL Olivenöl

Salz , Pfeffer

1 Prise Kreuzkümmel

## Anleitung

1. Bulgur oder Couscous kurz in Salzwasser aufkochen und dann ausquellen lassen.
2. Gemüse und Kräuter waschen und putzen.
3. Die Kräuter fein hacken. Frühlingszwiebeln in feine Ringe schneiden. Knoblauch fein hacken. Tomaten würfeln.
4. Die Zitrone auspressen und den Saft mit Olivenöl, Knoblauch, Salz, Pfeffer und Kreuzkümmel zu einem Dressing verrühren.
5. Gemüse, Kräuter und Getreide mit dem Dressing in einer Schüssel mischen und durchziehen lassen.

## Zubereitungszeit

ca. 30 Min.

## Tipp

*Der Salat eignet sich gut als schnelles Mittagessen im Sommer oder als kleine Abendmahlzeit.*

*Der Salat stammt aus dem nordafrikanischen Raum.*

# Nudelsalat mit Rucola

## Zutaten

250 g Nudeln

1 Bund Rucola

200 g Cocktailtomaten

Für das Dressing

2 EL Olivenöl

2 EL weißer Balsamicoessig

Salz, Pfeffer

## Anleitung

1. Nudeln nach Packungsanweisung kochen, abgießen und abkühlen lassen.
2. Rucola waschen und grob hacken.
3. Cocktailtomaten waschen, halbieren oder vierteln.
4. Für das Dressing Öl mit Essig und Gewürzen verrühren.
5. Alle Zutaten in einer Schüssel mischen.

## Zubereitungszeit

ca. 25 Min.

## Tipp

*Der Salat schmeckt auch gut mit rotem Balsamicoessig. Optisch schöner ist der Salat aber mit weißem Essig.*

# Nudelsalat mit Fenchel

## Zutaten

125 g kleine Hörnchennudeln

1 Fenchel

1 rote Paprika

1 Dose Thunfisch

1 rote Zwiebel

50 g Oliven

Für das Dressing

4 EL Öl

2 TL Senf

4 EL Essig

Salz, Pfeffer, Paprikapulver

1 Prise Zucker

2 EL gehackte Petersilie

Fenchelgrün

## Anleitung

1. Nudeln nach Packungsanweisung kochen, abgießen und abkühlen lassen.
2. Gemüse waschen und putzen. Fenchelgrün fein hacken und aufbewahren. Den Fenchel in feine Streifen schneiden. Die Paprika ebenfalls in feine Streifen schneiden.
3. Den Thunfisch abgießen.
4. Die Zwiebel schälen, in feine Würfel schneiden und mit Öl, Senf, Essig, Gewürzen, Petersilie und Fenchelgrün zu einem Dressing verarbeiten.
5. Nudeln, Gemüse, Oliven, Thunfisch und das Dressing in einer Schüssel mischen.

## Zubereitungszeit

ca. 30 Min.

## Tipp

*Nudelsalat mal anders, daher ein toller Salat für Feste und Partys.*

# Polentaschnitten mit Pilzen

## Zutaten

¾ l Gemüsebrühe

250 g Maisgrieß

500 g Champignons

1 Zwiebel

2 EL gehackte Petersilie

1 – 2 EL Öl

Salz, Pfeffer, Muskat

## Anleitung

1. Die Gemüsebrühe zum Kochen bringen und die Polenta einstreuen. Unter Rühren aufkochen und etwa 15 Minuten ausquellen lassen. Zwischendurch immer wieder umrühren, da die Polenta leicht ansetzt.
2. Champignons putzen und in Scheiben schneiden. Zwiebel schälen und fein würfeln. Petersilie waschen und hacken.
3. Öl in einer Pfanne erhitzen und die Champignons mit den Zwiebeln darin andünsten. Mit Salz und Pfeffer würzen.
4. Die gebratenen Champignons und die gehackten Kräuter unter die Polenta heben.
5. Polenta auf ein Blech streichen und abkühlen lassen.
6. Die erkaltete Polenta in Streifen schneiden.
7. Öl in einer Pfanne erhitzen und die Schnitten darin von beiden Seiten anbraten.

## Zubereitungszeit

ca. 45 Min.
plus mindestens 1 Std. Abkühlzeit

## Tipp

*Die Polentaschnitten lassen sich gut vorbereiten.*

*Polenta ist ein Brei, der aus Maisgrieß hergestellt wird.*

*Polenta stammt aus der norditalienischen Küche. Aber auch in Teilen der Schweiz und Österreichs ist Polenta in der regionalen Küche zu finden.*

# Zucchini Frittata

## Zutaten

2 Zucchini

4 Eier

4 EL Sojadrink

Öl

Salz, Pfeffer, Thymian

## Anleitung

1. Zucchini waschen und fein raspeln.
2. In einer beschichteten Pfanne 1 EL Öl erhitzen und die Zucchiniraspeln darin kurz andünsten. Mit Salz, Pfeffer und Thymian würzen.
3. Eier mit dem Sojadrink verrühren und mit Salz und Pfeffer würzen.
4. Die Eiermasse zu den Zucchini geben und einen Deckel auf die Pfanne geben. Die Eiermasse stocken lassen.
5. Wenn die Masse fest ist, die Frittata in der Pfanne wenden und noch kurz weitergaren lassen.
6. Die fertige Frittata auf einen Teller geben und in Stücke schneiden.

## Zubereitungszeit

ca. 25 Min.

## Tipp

*Die Frittata lässt sich gut wenden, indem man sie in den Deckel der Pfanne gleiten lässt und dann dreht.*

*Zusammen mit Tomatensalat und etwas Brot ergibt die Frittata bei uns im Sommer häufig eine kleine Abendmahlzeit.*

Kapitel 2

# Suppen & Eintöpfe

# Hühner suppe

## Zutaten

1 Hähnchenbrustfilet, ca. 500 g

1 Bund Suppengrün

1 Zwiebel

125 g Suppennudeln

Juliennegemüsestreifen* nach Geschmack, z.B. Lauch oder Möhren

Salz, Pfeffer

## Anleitung

1. Hähnchenbrustfilet waschen und trockentupfen. In einen Topf legen, mit 1 l kaltem Wasser auffüllen.
2. Suppengrün und Zwiebel waschen, putzen und in grobe Stücke teilen, ebenfalls in den Topf geben.
3. Aufkochen lassen und bei kleiner Hitze etwa 45 Minuten weiterköcheln lassen.
4. Fleisch und Gemüse mit einer Schöpfkelle herausheben.
5. Nudeln in der Brühe nach Packungsanweisung gar kochen.
6. Die Gemüsestreifen etwa 3 bis 4 Minuten vor Ende der Garzeit dazugeben.
7. In der Zwischenzeit das Hähnchenfleisch in kleine Stücke schneiden.
8. Die Hähnchenfleischwürfel in der Brühe warm werden lassen. Die Suppe mit Salz und Pfeffer abschmecken.

## Zubereitungszeit

ca. 40 Min. im Schnellkochtopf ansonsten ca. 70 Min.

## Tipp

*Ich koche das Fleisch häufig im Schnellkochtopf.*
*Wenn Kinder mitessen, Buchstabennudeln verwenden. Das kommt gut an.*

**Juliennegemüse ist in sehr feine Streifen geschnittenes Gemüse.*

# Grieß suppe

## Zutaten

1 Zwiebel

1 – 2 EL Öl

30 g Hartweizengrieß

800 ml Fleisch- oder Gemüsebrühe

Salz, Pfeffer, Muskatnuss

1 Bund Schnittlauch

## Anleitung

1. Die Zwiebel schälen und in sehr feine Würfel schneiden.
2. Öl in einem Topf erhitzen und Grieß darin leicht anrösten. Die Zwiebelwürfel zufügen und leicht mitrösten.
3. Mit der Brühe ablöschen und mit Salz, Pfeffer und Muskat würzen. Etwa 10 Minuten. bei schwacher Hitze leicht köcheln lassen.
4. In der Zwischenzeit den Schnittlauch waschen und in kleine Röllchen schneiden. Vorm Servieren unterrühren.

## Zubereitungszeit

20 Min.

## Tipp

*Wenn es an kalten Tagen mal schnell etwas Warmes geben soll, koche ich diese Suppe. Mit Tiefkühlkräutern lässt sie sich auch wunderbar mit Zutaten aus dem Vorrat herstellen.*

# Rosenkohl Kokos Suppe

## Zutaten

1 Zwiebel

1 kleines Stück Ingwer

500 g Rosenkohl

200 ml Kokosmilch

1 – 2 TL Currypulver

400 ml Gemüsebrühe

Salz, Pfeffer

Zitronensaft

## Anleitung

1. Zwiebel und Ingwer schälen und fein hacken.
2. Rosenkohl waschen, putzen und vierteln.
3. Kokosmilch mit Ingwer, Zwiebeln und Curry erhitzen.
4. Den Rosenkohl und die Brühe dazugeben und etwa 15 Minuten köcheln lassen.
5. Mit Salz, Pfeffer und etwas Zitronensaft abschmecken.

## Zubereitungszeit

ca. 30 Min.

## Tipp

*Eine leckere Wintersuppe für Rosenkohlfans.*

# Tomaten suppe

## Zutaten

4 große Fleischtomaten

1 rote Paprika

1 Zwiebel

1 EL Öl

3 EL Tomatenmark

800 ml Gemüsebrühe

150 g kleine Suppennudeln

Salz, Pfeffer

1 Prise Zucker

1 Handvoll Basilikumblätter

## Anleitung

1. Tomaten kreuzweise einschneiden und in kochendem Wasser kurz überbrühen. Dann häuten, entkernen und in kleine Würfel schneiden.
2. Paprika putzen, waschen und in kleine Würfel schneiden. Die Zwiebel schälen und in Würfel schneiden.
3. Öl in einem Topf erhitzen und Zwiebelwürfel, Paprika und Tomaten darin andünsten.
4. Tomatenmark dazugeben, umrühren und mit der Brühe ablöschen.
5. Für etwa 15 Minuten köcheln lassen und die Suppe dann pürieren. Suppennudeln zugeben und mitkochen, bis sie gar sind. Packungsanweisung beachten.
6. Mit Salz, Pfeffer und Zucker abschmecken.
7. Das Basilikum hacken und über die Suppe streuen.

## Zubereitungszeit

ca. 30 Min.

## Tipp

*Falls keine frischen Tomaten vorhanden sind, lässt sich die Suppe auch mit Tomaten aus der Dose zubereiten. Besser schmeckt sie aber mit frischen reifen Tomaten.*

*Basilikum zum Schluss dazugeben, es verliert bei zu hoher Hitze sein Aroma.*

# Sellerie suppe

## Zutaten

500 g Knollensellerie

1 kleine Stange Lauch

1 Möhre

1 Zwiebel

1 mehligkochende Kartoffel

1 EL Öl

800 ml Wasser

1 Lorbeerblatt

Muskat, Majoran

Salz, Pfeffer

## Anleitung

1. Gemüse, Zwiebel und die Kartoffel waschen, putzen und in kleine Stücke schneiden.
2. Öl in einem großen Topf erhitzen und das Gemüse kurz darin dünsten.
3. Mit dem Wasser auffüllen und die Gewürze dazugeben.
4. Etwa 15 bis 20 Minuten köcheln lassen, bis das Gemüse weich ist.
5. Das Lorbeerblatt entfernen und die Suppe pürieren. Mit Salz und Pfeffer abschmecken.

## Zubereitungszeit

ca. 30 Min.

## Tipp

*Das Gemüse lässt sich durch ein Bund Suppengrün ersetzen.*

*Kinder lieben die Suppe, wenn in Scheiben geschnittene Wiener Würstchen kurz miterwärmt werden.*

# Möhren Kokos Suppe

## Zutaten

1 Zwiebel

500 g Möhren

1 mehligkochende Kartoffel

1 EL Öl

1 TL brauner Zucker

500 ml Brühe

200 ml Kokosmilch

Curry, Salz, Pfeffer, Cayennepfeffer

## Anleitung

1. Zwiebel schälen und würfeln.
2. Möhren und Kartoffel waschen, schälen und würfeln.
3. Öl in einem Topf erhitzen und die Zwiebelwürfel darin andünsten.
4. Möhren und Kartoffel zugeben. Zucker darüber streuen und das Gemüse leicht karamellisieren lassen. Mit der Brühe ablöschen. 15 Minuten köcheln lassen.
5. Die Kokosmilch dazugeben und die Suppe pürieren. Mit den Gewürzen abschmecken.

## Zubereitungszeit

ca. 30 Min.

## Tipp

*Durch die Kokosmilch und das Curry erhält die Suppe einen exotischen Geschmack.*

# Kürbis suppe

## Zutaten

1 kleiner Hokkaidokürbis

3 EL Öl

2 große Zwiebeln

2 Möhren

1 EL Zucker

¾ l Gemüsebrühe

Salz, Pfeffer

1 TL Salbeiblätter

## Anleitung

1. Den Ofen auf 200 Grad vorheizen.
2. Kürbis halbieren, Kerne entfernen und Schnittfläche mit Öl bepinseln. Die Kürbishälften etwa 45 bis 60 Minuten im Ofen backen, bis das Fleisch weich ist. Den Kürbis aus dem Ofen holen, kurz abkühlen lassen und klein schneiden.
3. Zwiebeln schälen und würfeln. Möhren waschen, schälen und in Scheiben schneiden.
4. Öl in einem großen Topf erhitzen und die Zwiebeln und Möhren darin andünsten.
5. Etwas Zucker zugeben. Leicht bräunen lassen und mit der Brühe ablöschen. Etwa 10 Minuten dünsten, bis die Möhren weich sind.
6. Das Kürbisfleisch zugeben und die Suppe pürieren. Mit Salz, Pfeffer und Salbei abschmecken.

## Zubereitungszeit

45 – 60 Min. Garzeit für den Kürbis
20 Min. für die Suppe

## Tipp

*Wenn es schneller gehen soll, kann der Kürbis auch mit den Möhren und den Zwiebeln weich gedünstet werden.*

*Hokkaidokürbis verwenden, das spart das Schälen, da die Schale mitgegessen werden kann.*

*Diese Kürbissuppe bekommt, wenn ein kleines Stück Ingwer mitgedünstet wird, eine ganz besondere Note.*

# Minestrone

## Zutaten

150 g getrocknete weiße Bohnen

Lorbeerblatt

1 Zwiebel

2 Möhren

2 Stangen Staudensellerie

1 Zucchini

50 g Räucherspeck

2 EL Öl

1 Dose Tomaten

500 ml Gemüse- oder Fleischbrühe

100 g kleine Nudeln

Salz, Pfeffer

1 Handvoll frische Basilikumblätter

## Anleitung

1. Die getrockneten Bohnen über Nacht einweichen und am nächsten Tag mit einem Lorbeerblatt weich kochen.
2. Die Garzeit beträgt 60 bis 90 Minuten.
3. Zwiebel schälen und fein würfeln. Möhren und Selleriestangen waschen, putzen und fein hacken. Zucchini waschen, putzen, halbieren und in Scheiben schneiden. Räucherspeck fein würfeln.
4. Öl in einem großen Topf erhitzen und die Zwiebeln und den Speck darin andünsten. Die Möhren und den Sellerie dazugeben und weich dünsten.
5. Zucchini dazugeben und kurz mitdünsten. Dann Dosentomaten und Brühe dazugeben. Nudeln und Bohnen hinzufügen und weiter köcheln lassen, bis die Nudeln gar sind.
6. Mit Salz und Pfeffer abschmecken. Die Basilikumblätter klein schneiden und über die Minestrone streuen.

## Zubereitungszeit

1 Std.
plus 12 Std. Einweichzeit und
90 Min. Garzeit der Bohnen

## Tipp

*Die Minestrone, eine klassische, gehaltvolle italienische Gemüsesuppe, lässt sich mit Gemüse der jeweiligen Saison variieren. Gut schmecken auch Lauch, Wirsing oder Erbsen.*

# Rote Linsen Suppe

## Zutaten

1 Zwiebel

1 EL Öl

1 Dose Tomaten

250 g rote Linsen

1 l Gemüsebrühe

Salz, Pfeffer

½ Bund Basilikum

## Anleitung

1. Zwiebel schälen und würfeln.
2. Öl in einem großen Topf erhitzen und Zwiebeln darin andünsten.
3. Tomaten und Linsen dazugeben. Mit der Gemüsebrühe auffüllen und etwa 20 Minuten köcheln lassen.
4. Mit Salz und Pfeffer abschmecken.
5. Basilikum in feine Streifen schneiden und vor dem Servieren dazugeben.

## Zubereitungszeit

ca. 25 – 30 Min.

## Tipp

*Falls Reste übrig bleiben, koche ich am nächsten Tag Spätzle und verwende den Rest als Soße.*

# Rührei Gemüse Nudeltopf

## Zutaten

2 große Möhren

1 EL Öl

2 Stangen Staudensellerie

150 g Brokkoli

1 EL Tomatenmark

1 l Gemüsebrühe

150 g kleine Nudeln

1 Bund Schnittlauch

4 Eier

Salz, Pfeffer

Sojasoße

## Anleitung

1. Möhren waschen, putzen und in Scheiben schneiden.
2. Öl in einem großen Topf erhitzen und die Möhren darin etwa 10 Minuten dünsten. Eventuell etwas Wasser zugeben.
3. In der Zwischenzeit Staudensellerie waschen, putzen und in kleine Würfel schneiden. Brokkoli waschen, putzen und in kleine Röschen teilen. Die Stiele gegebenenfalls einschneiden.
4. Tomatenmark zu den Möhren geben, unterrühren und mit der Brühe ablöschen.
5. Aufkochen lassen und Nudeln, Brokkoli und Sellerie dazugeben. Je nach Nudelsorte 8 bis 10 Minuten leicht köcheln lassen.
6. Während der Nudeltopf gart, den Schnittlauch waschen und in feine Röllchen schneiden.
7. Eier aufschlagen, mit dem Schnittlauch verrühren und mit etwas Salz würzen.
8. In einer beschichteten Pfanne etwas Öl erhitzen und die Eiermasse unter Rühren braten.
9. Den Nudeltopf mit Salz, Pfeffer und Sojasoße abschmecken.
10. Rührei und Nudeltopf zusammen auf Tellern anrichten.

## Zubereitungszeit

30 Min.

## Tipp

*Durch das Rührei bekommt der Eintopf noch mehr Pepp.*

# Kürbis Gemüse Eintopf

## Zutaten

500 g Kürbis

3 Tomaten

1 Chilischote

200 g grüne Bohnen

1 große Zwiebel

1 rote Paprika

1 kl. Dose Maiskörner

2 EL Öl

350 ml Gemüsebrühe

Salz, Pfeffer

## Anleitung

1. Kürbis schälen, Kerne entfernen und das Kürbisfleisch würfeln.
2. Tomaten kreuzweise einschneiden, in kochendem Wasser kurz überbrühen, dann häuten und würfeln.
3. Chili aufschneiden, die Kerne entfernen und sehr fein hacken.
4. Grüne Bohnen putzen und in Stücke schneiden. Zwiebel schälen und würfeln. Paprika waschen, putzen und würfeln.
5. In einem großen Topf Öl erhitzen und die Zwiebelwürfel darin andünsten.
6. Das Kürbisfleisch und das restliche Gemüse zugeben. Mit der Gemüsebrühe auffüllen und etwa 15 Minuten köcheln lassen. Mit Salz und Pfeffer abschmecken.

## Zubereitungszeit

ca. 35 – 40 Min.

## Tipp

*Ein wunderbares Herbstgericht, das auch mit anderem Gemüse variiert werden kann.*

# Apfel Curry Suppe

## Zutaten

3 Gemüsezwiebeln

1 – 2 EL Öl

500 g Schweinegeschnetzeltes

Salz, Pfeffer, Curry

1 EL Mehl

1 ½ l Gemüse- oder Fleischbrühe

2 säuerliche Äpfel (z.B. Elstar oder Boskop)

500 g Kartoffeln

## Anleitung

1. Zwiebeln schälen und würfeln.
2. Öl in einem großen Topf erhitzen und das Fleisch darin rundum anbraten. Die Zwiebelwürfel mitdünsten. Mit Salz, Pfeffer und Curry würzen.
3. Das Mehl darüber stäuben, leicht anrösten und mit der Brühe auffüllen.
4. Äpfel waschen, schälen und reiben. Kartoffeln schälen und in kleine Würfel schneiden. Beides zum Fleisch geben. Alles 20 bis 25 Minuten köcheln lassen und heiß servieren.

## Zubereitungszeit

45 Min.

## Tipp

*Mit Brot servieren.*

*Diese Suppe ist eine tolle Partysuppe. Sie lässt sich prima vorbereiten und schmeckt auch aufgewärmt sehr gut.*

# Kartoffel Paprika Eintopf

## Zutaten

2 Zwiebeln

750 g Kartoffeln

2 Paprika (rot oder grün)

1 EL Öl

2 EL Tomatenmark

Paprikapulver

½ l Gemüsebrühe

1 Dose Tomaten

Salz, Pfeffer,

nach Geschmack: Würstchen oder Sojacreme

## Anleitung

1. Zwiebeln schälen und in feine Würfel schneiden.
2. Kartoffeln waschen, schälen und würfeln.
3. Paprika waschen, putzen, vierteln und in Streifen schneiden.
4. Öl in einem Topf erhitzen und die Zwiebeln darin andünsten.
5. Kartoffeln, Paprika und Tomatenmark kurz mitrösten, mit Paprikapulver würzen und mit der Brühe ablöschen.
6. Die Dosentomaten zufügen. Etwa 20 bis 25 Minuten garen.
7. Mit Salz, Pfeffer und Paprikapulver abschmecken.

## Zubereitungszeit

ca. 40 Min.

## Tipp

*Gehaltvoller wird der Eintopf, wenn kurz vor Ende der Garzeit noch Wiener Würstchen oder eine Paprikawurst in Scheiben geschnitten mitgegart wird.*

*Cremiger und etwas milder wird das Gericht, wenn gegen Ende 50 ml Soja- oder Hafercreme dazugegeben wird.*

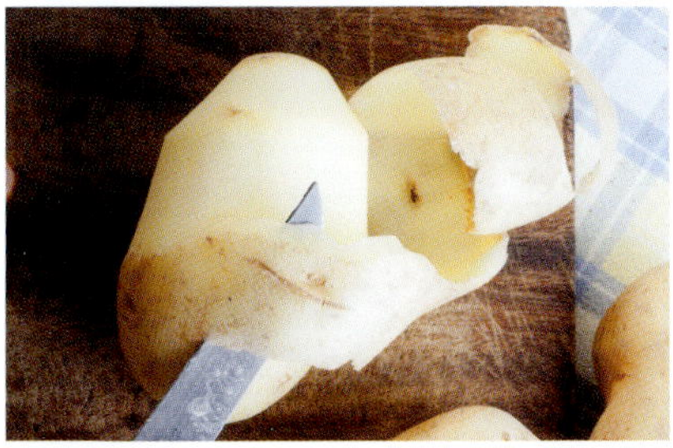

# Linsen Eintopf

## Zutaten

1 Zwiebel

1 Bund Suppengrün

1 EL Öl

2 EL Tomatenmark

1 l Wasser

250 g Linsen

1 Lorbeerblatt

500 g mehlig kochende Kartoffeln

Salz, Pfeffer

1 – 2 EL Rotweinessig

2 – 3 EL gehackte Petersilie

## Anleitung

1. Die Zwiebel schälen und in feine Würfel schneiden.
2. Suppengrün waschen, putzen und ebenfalls klein würfeln.
3. Öl in einem großen Topf erhitzen und die Zwiebel und das Gemüse darin andünsten.
4. Tomatenmark dazugeben und kurz mit anrösten. Mit 1 l Wasser ablöschen.
5. Linsen und Lorbeerblatt dazugeben und alles bei mittlerer Hitze 45 bis 60 Minuten (je nach Linsensorte) garen.
6. In der Zwischenzeit die Kartoffeln waschen, schälen und in Würfel schneiden. 30 Minuten vor Ende der Garzeit zu den Linsen geben.
7. Den Eintopf mit Salz, Pfeffer und Essig abschmecken.
8. Mit Petersilie bestreuen.

## Zubereitungszeit

55 bis 70 Min. (je nach Garzeit der Linsensorte)

## Tipp

*Wiener Würstchen in Scheiben schneiden und kurz vor Ende der Garzeit zum Eintopf geben und darin erwärmen.*

*Wenn es mal schnell gehen muss, einfach Linsen aus der Dose verwenden.*

*Besonders lecker finde ich die aus Frankreich stammenden grünen Linsen der Sorte Puy.*

# Kichererbsen Nudeltopf

## Zutaten

1 Zwiebel

2 Stangen Staudensellerie

1 Knoblauchzehe

1 – 2 EL Öl

1 Zweig frischer Rosmarin

800 g Kichererbsen aus der Dose

500 ml Gemüse- oder

Hühnerbrühe

100 g kleine Nudeln

Salz, Pfeffer

frisches Basilikum

## Anleitung

1. Zwiebel schälen und fein würfeln.
2. Staudensellerie waschen, putzen und in kleine Streifen schneiden.
3. Knoblauch schälen und zusammen mit den Rosmarinnadeln fein hacken.
4. Öl in einem großen Topf erhitzen und Zwiebel, Staudensellerie, Knoblauch und Rosmarin andünsten.
5. Brühe und Kichererbsen dazugeben und etwa 20 Minuten kochen lassen.
6. Einen Teil der Suppe pürieren.
7. Nudeln dazugeben und nach Packungsanweisung in der Suppe garen. Mit den Gewürzen abschmecken.
8. Basilikum waschen und hacken und zum Eintopf geben.

## Zubereitungszeit

ca. 45 Min.

## Tipp

*Der Eintopf kann auch mit getrockneten Kichererbsen zubereitet werden. Diese müssen dann 12 Stunden vorher eingeweicht werden, die Kochzeit erhöht sich auf 30 – 40 Minuten.*

# Chili con Carne

## Zutaten

1 große Zwiebel

500 g frische Tomaten

1 – 2 EL Öl

500 g Rinderhackfleisch

Salz, Pfeffer, Paprikapulver,

Cayennepfeffer

frische Chilischoten

2 Dosen rote Bohnen

1 Dose Tomaten

## Anleitung

1. Zwiebel schälen und in Würfel schneiden.
2. Tomaten waschen und in Würfel schneiden.
3. Öl in einem Topf erhitzen und die Zwiebeln darin andünsten. Das Hackfleisch zufügen und anbraten.
4. Mit Salz, Pfeffer, Paprikapulver und Cayenne-pfeffer würzen.
5. Chillischoten waschen, aufschneiden, Kerne entfernen, fein hacken und in den Topf geben.
6. Bohnen, Dosentomaten und frische Tomaten zugeben.
7. Etwa 15 Minuten garen und abschmecken.

## Zubereitungszeit

30 Min.

## Tipp

Ich variiere das Chili häufig, indem ich 2 geschälte Kartoffeln in Würfel geschnitten, 1 Möhre gewaschen, geputzt und in Scheiben geschnitten und 2 Paprika, gewaschen, geputzt und in Streifen geschnitten, im Chili mitkoche. Die Kochzeit beträgt dann etwa 20 – 25 Minuten.

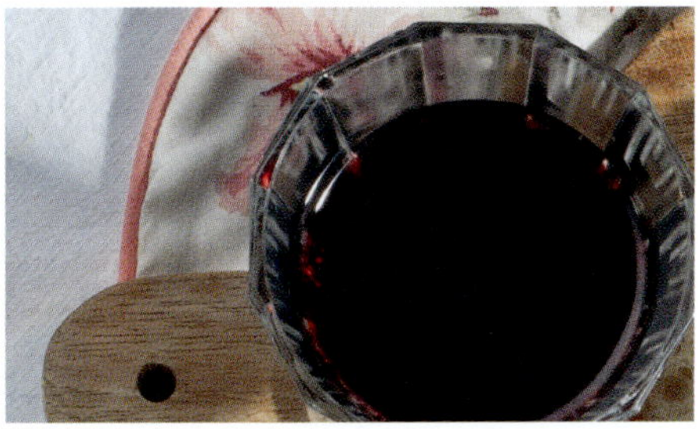

# Erbsen Eintopf

## Zutaten

1 Bund Suppengrün

500 g Kartoffeln (mehligkochend)

1 Zwiebel

1 – 2 EL Öl

1 l Fleisch- oder Gemüsebrühe

250 g Schälerbsen

Salz, Pfeffer

Petersilie

## Anleitung

1. Suppengrün waschen, putzen und klein schneiden.
2. Kartoffeln und Zwiebel schälen und würfeln.
3. Öl in einem großen Topf erhitzen und Gemüse, Zwiebeln und Kartoffeln darin andünsten.
4. Mit der Brühe ablöschen. Die Schälerbsen dazugeben und alles etwa 1 Stunde kochen lassen.
5. Mit Salz und Pfeffer abschmecken.
6. Petersilie waschen, hacken und dazugeben.

## Zubereitungszeit

15 Min.Vorbereitungszeit
1 Std. Kochzeit

## Tipp

*Durch die Verwendung von Schälerbsen wird die Einweichzeit gespart. Wenn ich ganz wenig Zeit habe, bereite ich den Eintopf im Schnellkochtopf zu. Dann braucht der Eintopf nur 20 Min.*

*Deftiger wird der Eintopf, wenn etwas durchwachsener geräucherter Speck mitgekocht wird.*

# Herzhafter Eintopf

## Zutaten

1 Stange Lauch

250 g Weißkohl

2 Möhren

1 Zwiebel

500 g Kartoffeln

4 Stück geräucherte Mettwürstchen

¼ l Gemüsebrühe

Salz, Pfeffer

## Anleitung

1. Das Gemüse waschen und putzen.
2. Den Lauch in feine Ringe schneiden. Den Weißkohl in feine Streifen schneiden. Die Zwiebel würfeln. Die Möhren in Scheiben schneiden.
3. Die Kartoffeln schälen und würfeln. Die Mettwurst in Scheiben schneiden.
4. Alle Zutaten in einen Topf schichten. Zuerst die Zwiebeln und den Lauch, dann die Möhren und den Weißkohl und zum Schluss die Kartoffeln und Würstchen draufgeben.
5. Die Brühe dazugeben und im geschlossenen Topf etwa 25 bis 30 Minuten köcheln lassen.
6. Am Ende der Garzeit mit Salz und Pfeffer abschmecken und umrühren.

## Zubereitungszeit

ca. 50 Min.

## Tipp

*Manchmal bereite ich diesen Eintopf auch im Römertopf zu. Hierzu alle Zutaten schichten und 90 Minuten bei 200 Grad im Ofen garen.*

*Generell bei Wurstwaren darauf achten, dass sie milchfrei sind.*

*Variante:*
*Gut schmeckt der Eintopf auch mit Rosenkohl, Möhren und Zwiebeln.*

Kapitel 3

# Hauptsache Gemüse

# Ofengemüse

## Zutaten

2 Paprika (rot oder gelb)

2 kleine Zucchini

4 Tomaten

250 g Champignons

2 rote Zwiebeln

1 EL brauner Zucker

Salz

3 – 4 EL Öl

jeweils 2 – 3 Zweige Thymian und Rosmarin

## Anleitung

1. Den Ofen auf 200 Grad vorheizen.
2. Gemüse waschen und putzen. Paprika in Stücke und Zucchini in Scheiben schneiden. Tomaten und Zwiebeln vierteln. Sehr große Champignons evtl. halbieren oder vierteln.
3. Alles in eine ofenfeste Form geben.
4. Zucker, Salz und Öl darüber streuen und vermengen.
5. Die Kräuter auf das Gemüse legen.
6. 35 bis 40 Minuten im Ofen backen.

## Zubereitungszeit

60 Min.

## Tipp

*Das Gemüse kann ganz nach Geschmack ausgetauscht werden.*

*Als vegetarische Mahlzeit serviere ich das Gemüse mit Zartweizen.*

*Schmeckt auch als Beilage zu gegrilltem Fleisch.*

# Ratatouille

## Zutaten

2 Zwiebeln

2 Knoblauchzehen

1 Aubergine

2 kleine Zucchini

2 rote Paprika

4 große Tomaten

2 EL Olivenöl

Salz, Pfeffer

frische Kräuter (z.B. Thymian, Rosmarin oder Kräuter der Provence)

## Anleitung

1. Zwiebeln und Knoblauch schälen und fein hacken.
2. Gemüse waschen und putzen. Aubergine und Zucchini in Scheiben schneiden. Paprika in Rauten schneiden. Tomaten würfeln.
3. In einem Topf das Öl erhitzen und Zwiebeln und Knoblauch darin kurz andünsten. Die Auberginen zugeben und etwa 5 Minuten mit andünsten.
4. Zucchini und Paprika dazugeben und kurz mitdünsten. Zuletzt die Tomaten zugeben. Mit Salz, Pfeffer und Kräutern würzen. Den Topf mit einem Deckel schließen und etwa 15 bis 20 Minuten schmoren lassen.
5. Vor dem Servieren noch mal abschmecken.

## Zubereitungszeit

40 – 45 Min.

## Tipp

*Dazu serviere ich Couscous oder Polenta.*

*Das Gericht lässt sich auch im Römertopf zubereiten. Hierzu den Römertopf wässern und alle Zutaten einfüllen. Etwa 1 Stunde bei 200 Grad im Ofen garen. Hier muss der Ofen nicht vorgeheizt werden.*

# Blumenkohl Auflauf

## Zutaten

1 Blumenkohl

200 g Tiefkühl-Erbsen

2 Tomaten

1 Zwiebel

1 EL Öl

150 ml Hafermilch

2 TL Speisestärke

Salz

1 TL Curry

3 EL gehackte Petersilie

2 EL Semmelbrösel

Margarine

## Anleitung

1. Blumenkohl waschen, putzen und in Röschen teilen. In Salzwasser etwa 10 Minuten garen. 2 Minuten vor Ende der Garzeit die Erbsen dazugeben und mitgaren. Abgießen und das Kochwasser auffangen.
2. Tomaten waschen und in Würfel schneiden.
3. Gemüse in eine Auflaufform geben. Den Ofen auf 200 Grad vorheizen.
4. Zwiebel schälen und in kleine Würfel schneiden. Öl in einem Topf erhitzen und die Zwiebeln darin glasig dünsten. Mit 200 ml des aufgefangenen Gemüsekochwassers ablöschen.
5. Den Haferdrink mit der Speisestärke glattrühren und die Soße damit binden. Aufkochen lassen und mit Salz und Curry abschmecken. Die gehackte Petersilie unterrühren.
6. Die Soße über das Gemüse geben und mit den Semmelbröseln bestreuen. Margarineflöckchen darauf verteilen.
7. Dann das Gemüse 20 Minuten im Ofen überbacken.

## Zubereitungszeit

30 Min. Vorbereitungzeit
plus 20 Min. Backzeit

## Tipp

*Dazu passen Kartoffeln oder Reis.*

*Generell bei Margarine darauf achten, dass sie milchfrei ist.*

# Ofenkartoffeln mit Zucchini

## Zutaten

1 kg festkochende Kartoffeln

600 g Zucchini

4 EL Olivenöl

1 TL Salz

3 Zweige frischer Thymian

2 EL Sesam

4 EL Semmelbrösel

## Anleitung

1. Kartoffeln in Salzwasser gar kochen. Kurz abkühlen lassen, pellen und in Scheiben schneiden.
2. Zucchini waschen, putzen und in Scheiben schneiden. 1 EL Öl mit 1 TL Salz und Thymianblättchen von einem Zweig verrühren und die Zucchinischeiben darin marinieren.
3. Den Ofen auf 200 Grad vorheizen.
4. Zucchini- und Kartoffelscheiben dachziegelartig auf ein Blech mit Backpapier legen.
5. Mit Sesam und Semmelbröseln bestreuen.
6. Restliche Thymianblättchen abzupfen und drüber streuen. Mit 3 EL Öl beträufeln.
7. 20 bis 25 Minuten bei 200 Grad im Ofen überbacken.

## Zubereitungszeit

35 Min. Vorbereitung
20 – 25 Min. im Ofen

## Tipp

*Dazu schmeckt kurzgebratenes Fleisch, Fisch oder ein grüner Salat.*

*Für den Auflauf können auch übrig gebliebene Salzkartoffeln vom Vortag verwendet werden.*

# Kartoffel plätzchen

## Zutaten

750 g mehligkochende Kartoffeln

3 – 4 EL Mehl

Salz

Öl zum Braten

## Anleitung

1. Kartoffeln waschen, schälen und in etwas Salzwasser garen.
2. Kartoffeln noch warm durch die Kartoffelpresse drücken.
3. Die Kartoffelmasse abkühlen lassen und mit Mehl und Salz zu einem Teig verarbeiten.
4. Eine beschichtete Pfanne erhitzen und mit Öl auspinseln.
5. Aus dem Teig runde Bällchen formen, flach drücken und in der Pfanne von beiden Seiten leicht bei mittlerer Hitze anbraten.

## Zubereitungszeit

45 Min.

## Tipp

*Mit Apfelmus serviert, ist dieses Gericht bei Kindern sehr beliebt.*

*Übrig gebliebene Kartoffeln verwenden oder am Vortag einfach mehr Kartoffeln mitkochen.*

*Variante:*
*Gehackte Kräuter (z.B. Petersilie und Schnittlauch) in die Kartoffelmasse einarbeiten, ergibt eine pikante Beilage.*

# Rote Bete mit Orange

## Zutaten

2 Zwiebeln

4 Rote Beten

1 – 2 EL Öl

100 ml Orangensaft

150 ml Gemüsebrühe

2 TL Johannisbeergelee

1 – 2 TL Speisestärke

Salz

## Anleitung

1. Zwiebeln schälen und fein würfeln.
2. Rote Beten waschen, schälen und in kleine Würfel schneiden.
3. Öl in einem Topf erhitzen und die Zwiebeln darin andünsten. Rote Beten dazugeben und mit Orangensaft und Brühe ablöschen. Im geschlossenen Topf etwa 10 bis 15 Minuten bissfest garen.
4. Johannisbeergelee dazugeben. Speisestärke mit etwas kaltem Wasser verrühren und das Gemüse damit leicht andicken.
5. Mit Salz abschmecken.

## Zubereitungszeit

30 Min.

## Tipp

*Dazu passt Kartoffelpüree.*

*Ich trage immer Einmalhandschuhe beim Schälen der Roten Bete, da das Gemüse stark abfärbt.*

# Ofen rösti

## Zutaten

1 kg mehligkochende Kartoffeln

1 Stange Lauch

250 g Champignons

2 Eier

Salz, Pfeffer, Kräutersalz

## Anleitung

1. Den Ofen auf 200 Grad vorheizen.
2. Kartoffeln waschen, schälen und raspeln.
3. Lauch waschen, putzen und in feine Ringe schneiden. Champignons putzen und in feine Scheiben schneiden.
4. Kartoffeln, Gemüse, Eier und Gewürze miteinander vermengen.
5. Die Masse auf ein gefettetes Backblech streichen. Etwa 30 Minuten im Ofen backen.

## Zubereitungszeit

20 – 25 Min. Vorbereitung
plus 30 Min. Backzeit

## Tipp

*Champignons nicht waschen, da sie sich mit Wasser vollsaugen und an Geschmack verlieren. Den Schmutz oder die Erde mit einem Küchenpinsel abbürsten oder einem Küchentuch/-papier abreiben.*

*Variante:*
*Gemüse austauschen, z.B. durch geraspelte Möhren und Zucchini oder in feine Streifen geschnittenen Fenchel.*

# Kartoffel Auflauf

## Zutaten

1 EL Margarine

1 kg mehligkochende Kartoffeln

500 ml Brühe

Salz, Pfeffer, Muskat

etwas Schnittlauch

## Anleitung

1. Den Ofen auf 200 Grad vorheizen.
2. Eine ofenfeste flache Form mit Margarine ausfetten. Kartoffeln waschen, schälen und in dünne Scheiben hobeln.
3. Kartoffelscheiben schichtweise in die Auflaufform geben. Die Schichten jeweils mit Salz, Pfeffer und Muskat würzen.
4. Brühe mit etwas Margarine mischen und über die Kartoffeln geben.
5. Etwa 40 – 45 Minuten im Ofen backen. Mit Schnittlauch garnieren.

## Zubereitungszeit

25 Min. Vorbereitungszeit
45 Min. Backzeit

## Tipp

*Dieses Kartoffelgericht ist eine tolle Alternative zu einem Kartoffelgratin.*

# Gemüse Pfanne

## Zutaten

500 g Kartoffeln

1 große Zwiebel

1 Romanesco

2 Frühlingszwiebeln

250 g Cocktailtomaten

2 EL Öl

Salz, Pfeffer, Kräutersalz

4 EL Kräuter nach Geschmack

## Anleitung

1. Kartoffeln waschen, schälen und in Würfel schneiden. Zwiebel schälen und würfeln.
2. Romanesco waschen und in kleine Röschen teilen. Frühlingszwiebeln waschen und in feine Ringe schneiden. Cocktailtomaten waschen und halbieren.
3. In einer großen Pfanne die Zwiebelwürfel in Öl andünsten. Kartoffeln dazugeben, kurz mitbraten und etwa 5 Minuten mit geschlossenem Deckel bei mittlerer Hitze garen. Eventuell 100 ml Wasser dazugeben.
4. Den Romanesco zufügen und alles weitergaren. Nach weiteren 5 Minuten die Frühlingszwiebeln und halbierten Cocktailtomaten dazugeben und kurz mitgaren.
5. Das Gericht mit den Gewürzen und den frisch gehackten Kräutern abschmecken.

## Zubereitungszeit

30 Min.

## Tipp

*Statt Cocktailtomaten können auch in Würfel geschnittene Tomaten verwendet werden. Dadurch wird die Kartoffelpfanne etwas saftiger.*

*Variationen:*
*Ich tausche das Gemüse je nach Saison aus:*
*Im Frühjahr verwende ich Kohlrabi, Tiefkühl-Erbsen, Möhren und Frühlingszwiebeln für die Gemüse-Pfanne.*
*Im Sommer Paprika, Zucchini und Tomaten mit Thymian.*

# Gnocchi mit Tomatensoße

## Zutaten

Für die Gnocchi:

1 kg mehligkochende Kartoffeln

150 g Mehl

100 g Hartweizengrieß

Salz

Für die Tomatensoße:

1 Zwiebel

1 Knoblauchzehe

1 EL Olivenöl

1 Dose Tomaten

Salz, Pfeffer,

½ Bund Thymian

## Anleitung

1. Kartoffeln schälen und in etwas Salzwasser garen.
2. Die gekochten Kartoffeln durch eine Kartoffelpresse drücken und abkühlen lassen.
3. Aus der Kartoffelmasse, Mehl und Grieß einen Teig herstellen. Mit Salz abschmecken.
4. Den Teig auf einer bemehlten Arbeitsfläche in Stücke teilen und daraus lange glatte, fingerdicke Würste rollen. Von der Rolle etwa 2 cm lange Stücke abteilen. Daraus eiförmige Kugeln formen.
5. In einem großen Topf Salzwasser zum Kochen bringen und die Gnocchi portionsweise darin garen. Wenn sie an die Oberfläche steigen, mit einem Schaumlöffel abschöpfen. Die fertigen Gnocchi warm halten.
6. Für die Soße Zwiebel und Knoblauch schälen und in feine Würfel schneiden.
7. Das Öl in einem Topf erhitzen. Zwiebel und Knoblauch darin andünsten. Die Dosentomaten dazugeben. Die Tomatensoße 15 Minuten köcheln lassen. Mit Salz und Pfeffer abschmecken. Thymian waschen, die Blätter abzupfen und unter die Soße rühren.

## Zubereitungszeit

1 Stunde 45 Min.

## Tipp

*Die Gnocchi können auch mit anderen Soßen serviert werden.*

*Für die formvollendete italienische Gnocchi-Optik, einfach eine Gabel mit leichtem Druck über die eiförmigen Kugeln rollen. So entstehen leichte Rillen.*

*Variante:*
*Die Tomatensoße mit Basilikum abschmecken.*

# Ofen pfannkuchen

## Zutaten

Für den Pfannkuchenteig:

250 g Mehl Type 1050

3 Eier

¼ l Mineralwasser

¼ l Hafergetränk

1 TL Salz

Für den Belag:

500 g gemischte Pilze

1 – 2 EL Öl

2 TL süßer Senf

3 – 4 EL gehackte Petersilie

Salz, Pfeffer

## Anleitung

1. Eine große, runde, ofenfeste Form mit Öl auspinseln und in den auf 200 Grad vorgeheizten Ofen schieben.
2. Mehl, Eier, Mineralwasser, Hafergetränk und Salz zu einem Teig verarbeiten.
3. Die Pilze putzen. Champignons, Steinpilze oder Austernpilze in Scheiben schneiden. Pfifferlinge ganz lassen.
4. Etwas Öl in einer Pfanne erhitzen und die Pilze darin kurz andünsten. Mit Salz, Pfeffer, gehackter Petersilie und Senf würzen.
5. Die Form aus dem Ofen nehmen und den Pfannkuchenteig einfüllen. Die Pilze darauf verteilen. In den Ofen schieben und etwa 30 Minuten bei 200 Grad backen.

## Zubereitungszeit

30 Min Vorbereitungszeit
30 Min. Backzeit

## Tipp

*Die Pilze durch Gemüse austauschen – ganz nach Geschmack und Jahreszeit.*

# Getreide burger

## Zutaten

100 g Weizen

100 g Hafer

1 Zwiebel

1 Stange Lauch

1 Möhre

400 ml Gemüsebrühe

2 Eier

Öl zum Braten und Dünsten

Kräutersalz

gemahlener Koriander

gemahlener Kreuzkümmel

## Anleitung

1. Das Getreide schroten.
2. Gemüse waschen und putzen. Lauch in feine Ringe schneiden. Zwiebel fein würfeln. Möhren fein raspeln.
3. In einem Topf das Öl erhitzen und Zwiebel und Lauch leicht andünsten.
4. Getreideschrot einstreuen und mit der Gemüsebrühe ablöschen. Ein Lorbeerblatt dazugeben und etwa 15 – 20 Minuten leicht köcheln und ausquellen lassen.
5. Die geraspelten Möhren, Eier, Gewürze und Kräuter zum Getreide geben und einen Teig daraus herstellen.
6. Burger aus der Masse formen und in einer beschichteten, mit Öl ausgepinselten Pfanne von beiden Seiten anbraten.

## Zubereitungszeit

50 Min.

## Tipp

*Wer keine Getreidemühle zu Hause hat, verwendet 200 g Grünkernschrot. Findet man in jedem gut sortierten Supermarkt.*

*Mit Freunden veranstalten wir einmal im Jahr ein „Burgeressen". Im Brötchen mit Salat, Gurkenscheiben, Tomaten, Zwiebelringen, Senf oder Dip finden die Burger selbst bei Fleischliebhabern großen Anklang.*

*Variation:*
*Zucchini statt Möhren verwenden.*

# Linsen puffer

## Zutaten

200 g rote Linsen

400 ml Wasser

2 Frühlingszwiebeln

1 EL gehackte glatte Petersilie

2 EL Mehl

2 TL gehackte Cashewkerne

2 Eier

Salz, Cayennepfeffer

Öl zum Braten

## Anleitung

1. Die roten Linsen in 400 ml Wasser etwa 15 Minuten weich kochen.
2. In der Zwischenzeit die Frühlingszwiebeln waschen, putzen und in feine Ringe schneiden.
3. Die Linsen mit Frühlingszwiebeln, Kräutern, Mehl, Nüssen und Eiern sowie den Gewürzen verrühren.
4. In einer Pfanne etwas Öl bei mittlerer Temperatur erhitzen und mit einem Esslöffel den Pufferteig hineingeben. Nach 3 bis 4 Minuten die Puffer wenden und weitere 3 bis 4 Minuten ausbacken.

## Zubereitungszeit

35 Min.

## Tipp

*Rote Linsen haben nur eine kurze Garzeit und müssen vorher nicht eingeweicht werden.*

*Mit grünem Salat serviert eine leckere kleine Mahlzeit.*

# Gemüse couscous

## Zutaten

1 Kohlrabi

2 Möhren

200 g Tiefkühl-Erbsen

2 EL Öl

250 g Couscous

500 ml Gemüsebrühe

Salz

frische glatte Petersilie

## Anleitung

1. Kohlrabi und Möhren waschen, putzen, schälen und in feine Streifen schneiden.
2. In einem Topf die Gemüsestreifen mit den Erbsen in Öl andünsten.
3. Das Couscous und die Brühe dazugeben und das Ganze etwa 10 Minuten quellen lassen.
4. Mit Salz und gehackter Petersilie würzen.

## Zubereitungszeit

20 – 25 Min.

## Tipp

*Schmeckt besonders gut mit frischen Erbsen.*

*Couscous ist Hauptbestandteil oder Beilage zahlreicher Gerichte der nordafrikanischen Küche. Es wird aus befeuchtetem und zu Kügelchen zerriebenem Weizengrieß hergestellt.*

# Spargel Risotto

## Zutaten

500 g grüner Spargel

1 unbehandelte Zitrone

2 kleine Zwiebeln

1 Knoblauchzehe

2 EL Olivenöl

400 g Risottoreis

1/8 l Weißwein

1 l Gemüse- oder Hühnerbrühe

Salz, Pfeffer

½ Bund Kerbel

## Anleitung

1. Den Spargel waschen, das untere Drittel eventuell schälen und die holzigen Enden abschneiden.
2. Zitrone abwaschen. Etwas Schale abreiben und aufbewahren. Den Saft auspressen.
3. In einem Topf Salzwasser mit einem Spritzer Zitronensaft erhitzen und den Spargel etwa 5 Minuten bissfest garen.
4. Den Spargel abgießen und das Spargelwasser auffangen.
5. Zwiebeln und Knoblauch schälen und in feine Würfel schneiden.
6. In einem großen Topf Olivenöl erhitzen und die Zwiebel- und Knoblauchwürfel darin glasig dünsten. Reis dazugeben und mit dem Weißwein ablöschen. Rühren, bis die Flüssigkeit aufgenommen wurde.
7. Jetzt nach und nach immer wieder etwas Brühe zugeben und rühren, bis sie aufgenommen wurde. Das Spargelwasser mit verwenden. So weiter verfahren, bis der Reis nach etwa 20 Minuten gar ist. Der Reis darf noch etwas Biss haben.
8. Den Spargel in Stücke schneiden und am Ende der Garzeit mit der Zitronenschale unterrühren.
9. Mit Salz, Pfeffer und etwas Zitronensaft abschmecken.
10. Den Kerbel waschen, die Blättchen abzupfen und über das Risotto streuen.

## Zubereitungszeit

40 Min.

## Tipp

*Wenn Kinder mitessen, den Weißwein durch Brühe ersetzen.*

*Risotto ist ein typisch italienisches Gericht, für das Rundkornreis verwendet wird. Hierzulande wird meist die Sorte Arborio angeboten. In Italien findet man noch viele andere Rundkornreissorten im Angebot.*

# Frühlingsgemüse mit Erdnusssoße

## Zutaten

250 g Basmatireis

1 Kohlrabi

200 g Möhren

4 Frühlingszwiebeln

150 g Tiefkühl-Erbsen

1 EL Öl

2 EL Essig

3 EL Sojasoße

3 EL Erdnussmus

100 ml Wasser

3 EL Erdnüsse

## Anleitung

1. Reis nach Packungsanweisung kochen.
2. Gemüse waschen und putzen. Möhren in Scheiben, Kohlrabi in Streifen und Frühlingszwiebeln in Ringe schneiden.
3. Öl in einer Pfanne erhitzen und das Gemüse darin andünsten. Mit etwas Wasser, Essig und Sojasoße ablöschen und zugedeckt etwa 5 Minuten bissfest dünsten.
4. Das Erdnussmus mit 100 ml Wasser glattrühren und zum Gemüse geben.
5. Den gekochten Reis in eine Schüssel füllen. Das Gemüse mit der Soße darauf verteilen und mit den Erdnüssen bestreut servieren.

## Zubereitungszeit

40 Min.

## Tipp

*Meine Kinder essen am liebsten Vollkornbasmatireis zu diesem Gericht. Auch Wildreis passt gut dazu. Das Gemüse kann nach Geschmack und Saison ausgetauscht werden.*

# Kraut nudeln

## Zutaten

2 Zwiebeln

1 Knoblauchzehe

½ Weißkohl

2 – 3 EL Olivenöl

1 TL Rohrohrzucker

Salz, Pfeffer

500 g grüne Bandnudeln

50 g Pinienkerne

## Anleitung

1. Zwiebeln und Knoblauch schälen und fein hacken.
2. Weißkohl putzen, den Strunk entfernen und den Kohl in feine Streifen schneiden.
3. In einer großen Pfanne 1 EL Öl erhitzen und Zwiebeln und Knoblauch darin andünsten. 1 TL Rohrohrzucker dazugeben und kurz mitrösten.
4. Die Weißkohlstreifen in die Pfanne geben, würzen und gut umrühren. ½ Tasse Wasser zufügen und den Kohl bei geschlossenem Deckel etwa 15 Minuten schmoren lassen.
5. In der Zwischenzeit die Nudeln nach Packungsanweisung in Salzwasser kochen.
6. Die Pinienkerne im restlichen Olivenöl in einer kleinen Pfanne leicht anrösten.
7. Die abgetropften Nudeln zum Kraut geben und die gerösteten Pinienkerne darüber streuen.

## Zubereitungszeit

40 Min.

## Tipp

*Wer es gerne würzig mag, gibt 50 g in Streifen geschnittenen durchwachsenen Räucherspeck mit in die Pfanne.*

# Nudelauflauf mit Fenchel

## Zutaten

350 g Nudeln

2 Fenchelknollen

1 Gemüsezwiebel

1 EL Öl

2 EL Mehl

300 ml Brühe

150 ml Sojacreme

Zitronensaft, Salz, Pfeffer

4 EL Semmelbrösel

Margarineflocken

## Anleitung

1. Den Ofen auf 200 Grad vorheizen.
2. Nudeln nach Packungsanweisung in Salzwasser kochen, abgießen und in eine Auflaufform geben.
3. Fenchel waschen, putzen und in feine Streifen schneiden. Das Fenchelgrün aufbewahren. Zwiebel schälen und in feine Würfel schneiden.
4. Öl in einem Topf erhitzen, Zwiebeln und Fenchel darin andünsten.
5. Mit Mehl bestäuben, kurz umrühren und mit der Brühe ablöschen. Kurz aufkochen lassen. Sojacreme dazugeben. Mit Salz, Pfeffer und etwas Zitronensaft abschmecken und über die Nudeln geben.
6. Das Fenchelgrün fein hacken und mit den Semmelbröseln mischen. Die Brösel über den Auflauf geben. Margarineflöckchen darauf verteilen und etwa 15 bis 20 Minuten im Ofen backen.

## Zubereitungszeit

25 Min. Vorbeitungszeit
20 Min. Backzeit

## Tipp

*Wenn ich Nudeln für Aufläufe koche, reduziere ich die Garzeit immer um 1 bis 2 Minuten. Dann haben sie nach dem Backen im Ofen noch etwas Biss.*

# Nudeln mit grüner Spargelcreme

## Zutaten

500 g grüner Spargel

500 g Bandnudeln

1 Bund Kerbel

6 EL Sojacreme

Saft einer ½ Zitrone

Salz, Pfeffer

4 Tomaten

## Anleitung

1. Spargel waschen und im unteren Drittel schälen. In Stücke schneiden und in kochendem Salzwasser etwa 5 Minuten garen.
2. Nudeln nach Packungsanweisung in Salzwasser kochen.
3. Den Spargel abgießen und das Kochwasser auffangen. Kerbel waschen und die Blätter abzupfen. Spargel, Sojacreme, Zitronensaft und Kerbel pürieren. Je nach gewünschter Konsistenz etwas Spargelkochwasser zufügen. Mit Salz und Pfeffer abschmecken.
4. Die Tomaten waschen, halbieren, den Strunk entfernen und entkernen. Dann in kleine Würfel schneiden.
5. Die abgetropften Nudeln mit der Spargelcreme mischen und die Tomatenwürfel darüber streuen.

## Zubereitungszeit

30 Min.

## Tipp

*Dieses Gericht schmeckt gut an warmen Frühsommertagen.*

*Variation:*
*Den Spargel durch Brokkoli und den Kerbel durch Basilikum ersetzen.*

*Besonders lecker sind auch Cocktailtomaten für dieses Gericht.*

# Gemüse bolognese

## Zutaten

1 Zwiebel

¼ Sellerieknolle

2 Möhren

1 Stange Lauch

1 – 2 EL Öl

100 g Tomatenmark

250 ml passierte Tomaten

250 ml Wasser

Salz, Pfeffer, Oregano

2 Handvoll Basilikum

## Anleitung

1. Zwiebel schälen und würfeln. Gemüse waschen und putzen. Sellerie und Möhren raspeln. Den Lauch in feine Ringe schneiden.
2. In einem Topf Öl erhitzen und die Zwiebelwürfel darin andünsten. Die Gemüseraspeln und die Lauchringe dazugeben und mitdünsten.
3. Tomatenmark zufügen und anrösten. Mit Wasser und passierten Tomaten ablöschen. Mit Salz, Pfeffer und Oregano würzen. Etwa 20 Minuten köcheln lassen.
4. Basilikum fein hacken und erst kurz vor dem Servieren dazugeben.

## Zubereitungszeit

40 Min.

## Tipp

*Eine tolle Alternative zur klassischen Hackfleischsoße.*

*Für Mitessende, die nicht auf Käse verzichten müssen, Parmesankäse dazu servieren.*

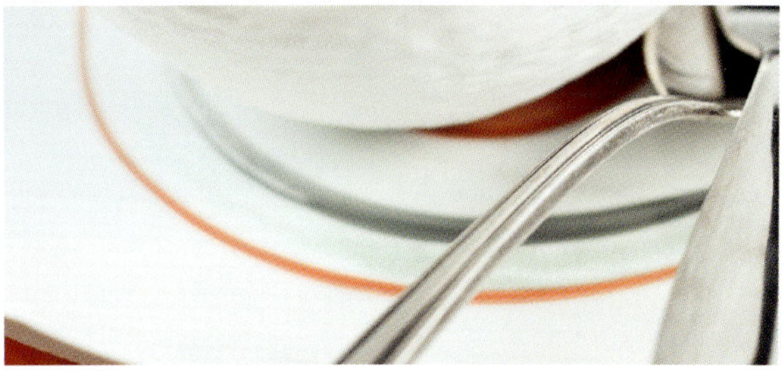

# Spinat nudeln

## Zutaten

500 g Tiefkühl-Blattspinat

500 g Bandnudeln

1 – 2 EL Olivenöl

50 g Pinienkerne

Salz, Pfeffer, Muskat

200 ml Hafercreme

## Anleitung

1. Spinat nach Packungsangabe auftauen.
2. Nudeln nach Packungsanweisung in Salzwasser kochen.
3. Pinienkerne in einem Topf in Olivenöl leicht anrösten. Den aufgetauten Spinat dazugeben und mit Salz, Pfeffer und Muskat abschmecken.
4. Hafercreme dazugeben und kurz aufkochen lassen.
5. Die Soße mit den abgetropften Nudeln mischen und sofort servieren.

## Zubereitungszeit

20 Min.

## Tipp

*Die Zutaten für dieses Gericht habe ich immer als Vorrat zu Hause, damit immer etwas da ist, wenn die Zeit zum Einkaufen fehlt.*

*Noch besser schmeckt dieses Gericht mit frischem Spinat. Hierzu den Spinat waschen, putzen und in etwas Olivenöl andünsten. Die Sojacreme dazugeben und die separat angerösteten Pinienkerne unterrühren.*

# Croûton Spaghetti

## Zutaten

500 g Spaghetti

1 Bund glatte Petersilie

2 Handvoll altbackenes helles Brot

6 getrocknete Tomaten

6 EL Olivenöl

Salz, Pfeffer

## Anleitung

1. Spaghetti nach Packungsanweisung in Salzwasser kochen.
2. Petersilie waschen, trocknen und hacken.
3. Das altbackene Brot in kleine Würfel schneiden.
4. Die getrockneten Tomaten in feine Streifen schneiden.
5. In einer Pfanne das Olivenöl erhitzen und die Brotwürfel darin anbraten. Mit Salz und Pfeffer würzen.
6. Petersilie und getrocknete Tomaten unterheben und alles mit den abgetropften Spaghetti in eine große Schüssel umfüllen und vermengen.

## Zubereitungszeit

20 Min.

## Tipp

*Wer gerne Knoblauch mag, gibt 1 – 2 klein geschnittene Knoblauchzehen zu den Brotwürfeln in die Pfanne. Schmeckt noch würziger.*

*Brotreste oder ein vom Frühstück übrig gebliebenes Brötchen bewahre ich immer auf. Sie sind noch vielseitig in der Küche einsetzbar, u.a. auch für Semmelbrösel (siehe Rezept Seite 93, Blumenkohl-Auflauf).*

# Oliven Spaghetti

## Zutaten

500 g Spaghetti

200 g Blattspinat

½ Bund glatte Petersilie

100 g Oliven ohne Stein

50 g Pinienkerne

2 – 3 EL Olivenöl

Salz

## Anleitung

1. Spaghetti nach Packungsanweisung in Salzwasser kochen.
2. Petersilie und Spinat waschen. Den Spinat kurz in kochendem Salzwasser blanchieren.
3. Mit einem Stabmixer Oliven, Pinienkerne, Spinat, Petersilie und Öl zu einem Pesto pürieren. Mit Salz abschmecken.
4. Die Spaghetti mit dem Pesto mischen und sofort servieren.

## Zubereitungszeit

25 Min.

## Tipp

*Beim Blanchieren wird das Gemüse kurz in kochendes Wasser gegeben und anschließend mit kaltem Wasser abgeschreckt.*

*Noch schneller ist dieses Gericht fertig, wenn Tiefkühlspinat verwendet wird. Den Spinat in der Mikrowelle auftauen und gleich mit den restlichen Zutaten pürieren.*

*Knoblauchfans geben nach Geschmack 1 – 2 Knoblauchzehen dazu.*

Heinrich Heine
Ich weiß nicht was soll es bedeuten,
Daß ich so traurig bin;
Ein Märchen aus alten Zeiten,
Das kommt mir nicht aus dem Sinn.
Die Luft ist kühl und es dunkelt
Und ruhig fließt der Rhein;

# Pilz Spaghetti

## Zutaten

500 g Spaghetti

500 g Pilze, z.B. Austernpilze

1 – 2 EL Öl

½ Bund glatte Petersilie

250 g Cocktailtomaten

## Anleitung

1. Spaghetti nach Packungsanweisung in Salzwasser kochen.
2. Pilze putzen und in Scheiben oder Streifen schneiden.
3. Öl in einer Pfanne erhitzen und die Pilze darin anbraten. Mit Salz und Pfeffer abschmecken.
4. Petersilie waschen und hacken. Cocktailtomaten waschen und halbieren oder vierteln und für 1 bis 2 Minuten zu den Pilzen geben.
5. Die Pilze mit den Tomaten und den abgetropften Spaghetti in einer Schüssel mischen und mit der gehackten Petersilie bestreuen.

## Zubereitungszeit

25 Min.

## Tipp

*Außerhalb der Tomatensaison verwende ich getrocknete anstelle von frischen Tomaten für dieses Gericht.*

*Variante:*
*Statt Petersilie ein Kästchen Kresse verwenden.*

*Wie Kresse gezogen werden kann, finden Sie im Rezept auf Seite 25.*

# Grüne Bohnen Linguini

## Zutaten

500 g grüne Bohnen

500 g Linguini

3 – 4 Tomaten

1 Bund Basilikum

50 g Pinienkerne

1 EL Tomatenmark

2 EL Olivenöl

Salz, Pfeffer

## Anleitung

1. Bohnen waschen und putzen.
2. In einem großen Topf Salzwasser zum Kochen bringen. Linguini mit den Bohnen im Salzwasser etwa 8 bis 10 Minuten garen.
3. Tomaten waschen und halbieren. Den Strunk entfernen und entkernen. Dann in kleine Würfel schneiden.
4. Basilikum waschen und die Blätter abzupfen.
5. Die Tomatenwürfel mit den Basilikumblättern, den Pinienkernen, dem Tomatenmark und dem Olivenöl pürieren. Mit Salz und Pfeffer abschmecken.
6. Linguini und Bohnen abgießen, abtropfen lassen und mit dem Pesto servieren.

## Zubereitungszeit

30 Min.

## Tipp

*Es können auch tiefgekühlte Prinzessbohnen verwendet werden.*

*Wer Knoblauch liebt, püriert 1 – 2 Knoblauchzehen mit.*

*Mit halbierten gelben und roten Cocktailtomaten garnieren.*

Kapitel 4

# Fisch & Fleisch

# Blumenkohl Risotto

## Zutaten

1 Blumenkohl

1,5 l Hühnerbrühe

1 Zwiebel

1 – 2 Knoblauchzehen

1 Stange Staudensellerie

2 – 3 EL Olivenöl

350 g Risottoreis

1 kleine Dose Sardellen

1 Handvoll Brotbrösel

1 – 2 Peperoncini

Salz

## Anleitung

1. Blumenkohl putzen, waschen und in Röschen zerteilen. Die Hühnerbrühe erhitzen und die Blumenkohlröschen darin garen. Den Blumenkohl mit einer Schaumkelle herausholen und die Brühe für das Risotto verwenden.
2. Zwiebel und Knoblauch schälen und in feine Würfel schneiden. Sellerie waschen, putzen und ebenfalls kleinhacken.
3. Zwiebel, Knoblauch und Sellerie in Olivenöl andünsten.
4. Reis dazugeben und mit etwas Hühnerbrühe ablöschen. Den Reis immer wieder umrühren und nach und nach die Hühnerbrühe dazugießen.
5. Brotbrösel, Sardellen mit dem Öl aus der Dose und Peperoncini mit einem Stabmixer zerkleinern. Diese Mischung in einer beschichteten Pfanne anrösten.
6. Wenn das Risotto weich ist, den Blumenkohl unterheben und evtl. mit etwas Salz abschmecken. Das Risotto in eine Schüssel füllen und die scharfen Brösel darüber streuen.

## Zubereitungszeit

50 Min.

## Tipp

*Wenn keine Kinder mitessen, einen Teil der Brühe durch Weißwein ersetzen.*

*Die scharfen Brotbrösel sind der Clou bei diesem Gericht. Auf keinen Fall darauf verzichten.*

*Peperoncini sind kleine getrocknete Chilischoten. Sie werden häufig in der italienischen Küche verwendet.*

# Garnelen curry

## Zutaten

1 Zwiebel

2 Knoblauchzehen

2 Tomaten

1 Chilischote

2 EL Öl

½ TL geriebener Ingwer

1 TL Koriander gemahlen

1 TL Kreuzkümmel gemahlen

1 TL Garam masala

½ TL Kurkuma

2 EL Tomatenmark

400 ml Kokosmilch

250 g Garnelen

Salz

## Anleitung

1. Zwiebeln und Knoblauch schälen und fein würfeln.
2. Tomaten kreuzweise einschneiden und kurz in kochendes Wasser legen. Mit einem Schaumlöffel herausholen, häuten, entkernen und fein würfeln.
3. Chili aufschlitzen, die Kerne entfernen und fein hacken.
4. In einem Topf das Öl erhitzen und die Zwiebel- und Knoblauchwürfel darin andünsten. Chili und Gewürze kurz mitdünsten.
5. Tomatenwürfel, Tomatenmark und Kokosmilch einrühren und etwa 10 Minuten köcheln lassen.
6. Garnelen zugeben und etwa 5 Minuten gar ziehen lassen. Nach Bedarf mit etwas Salz abschmecken.

## Zubereitungszeit

40 Min.

## Tipp

*Mit Basmatireis servieren.*

*Garam Masala ist eine Würzmischung, die aus der indischen Küche stammt. Sie enthält auf jeden Fall Kardamom, Pfeffer, Zimt und meist noch weitere Gewürze.*

*Wundern Sie sich, dass in dem Gericht kein Curry verwendet wird, obwohl es Garnelencurry heißt? In der indischen Küche wird mit Curry nicht das Gewürz, sondern ein würziges, soßiges Gericht bezeichnet.*

# Thunfisch puffer

## Zutaten

2 Dosen Thunfisch im eigenen Saft

1 Zwiebel

2 Eier

2 EL Tomatenmark

Rosmarin, Thymian, Salz, Pfeffer

1 – 2 EL Öl

## Anleitung

1. Thunfisch abtropfen lassen.
2. Zwiebel schälen und fein würfeln.
3. Alle Zutaten und Gewürze in eine Schüssel geben und zu einer Masse verarbeiten.
4. In einer beschichteten Pfanne etwas Öl erhitzen und mit einem Löffel portionsweise die Masse in die Pfanne geben.
5. Nach etwa 4 Minuten wenden und weitere 3 bis 4 Minuten braten.

## Zubereitungszeit

25 Min.

## Tipp

*Ich serviere dazu meistens Zartweizen und Paprikagemüse.*

*Schmeckt selbst meiner Tochter, die eigentlich Fischgerichte nicht mag.*

# Fisch frikadellen

## Zutaten

2 altbackene Brötchen

400 g Fischfilet

2 Eier

50 g gehackter Rucola

Salz, Pfeffer

½ TL Senf

2 EL Petersilie

Öl zum Anbraten

## Anleitung

1. Die altbackenen Brötchen im warmem Wasser aufweichen und ausdrücken.
2. Das Fischfilet klein schneiden.
3. Fischstückchen und eingeweichte Brötchen mit Eiern, Rucola, Gewürzen, Senf und Kräutern mit einem Pürierstab zu einer feinen Masse verarbeiten.
4. Die Masse gleichmäßig aufteilen und daraus Frikadellen formen.
5. In einer beschichteten Pfanne von beiden Seiten anbraten.

## Zubereitungszeit

30 Min.

## Tipp

*Lassen Sie dieses Rezept auch gerne die Kinder probieren, die eigentlich keinen Fisch mögen.*

*Variation:*
*Statt Rucola Spinat verwenden.*

# Bohnen Thunfisch Nudeln

## Zutaten

200 g weiße Bohnen

400 g Nudeln

1 – 2 rote Zwiebeln

4 EL Olivenöl

250 g Thunfisch

Salz, Pfeffer

1 – 2 Zweige Rosmarin

## Anleitung

1. Bohnen über Nacht in Wasser einweichen. Am nächsten Tag 1 bis 1 ½ Stunden weich kochen.
2. Nudeln nach Packungsanweisung kochen.
3. Zwiebeln schälen, halbieren und in Streifen schneiden.
4. In einer Pfanne Olivenöl erhitzen und die Zwiebeln darin andünsten.
5. Den Thunfisch dazugeben. Wenn der Thunfisch weich ist, mit zwei Gabeln zerpflücken.
6. Die abgetropften Bohnen dazugeben und mit Salz, Pfeffer und Rosmarin würzen.
7. Die Nudeln untermischen und servieren.

## Zubereitungszeit

Bohnen über Nacht einweichen (12 Std.)
1 – 1 ½ h Kochzeit Bohnen
30 Min. Zubereitungszeit

## Tipp

*Schneller geht es, wenn Thunfisch und Bohnen aus der Dose verwendet werden.*

*Hülsenfrüchte immer erst nach dem Kochen salzen, da sie sonst nicht weich werden.*

# Schlemmer fisch

## Zutaten

4 Fischfilets (z.B. Seelachs, Rotbarsch oder Kabeljau)

Zitronensaft einer halben Zitrone

1 Bund gemischte Kräuter

50 g Semmelbrösel

4 EL körniger Senf

2 EL Öl

Salz, Pfeffer

## Anleitung

1. Den Ofen auf 200 Grad vorheizen. Eine flache Auflaufform mit Öl auspinseln.
2. Fischfilets waschen und trockentupfen. Eventuell noch vorhandene Gräten entfernen. Die Filets mit Zitronensaft beträufeln und salzen.
3. Kräuter waschen und hacken.
4. Semmelbrösel mit Senf, Öl, Kräutern vermischen und mit Salz und Pfeffer würzen. Die Fischfilets in eine leicht gefettete Auflaufform geben. Die Semmelbröselmasse gleichmäßig auf die Fischfilets streichen.
5. Etwa 15 bis 20 Minuten im Ofen backen.

## Zubereitungszeit

20 Min. Vorbereitungszeit
plus 15 – 20 Min. Backzeit

## Tipp

*Gräten lassen sich ganz leicht mit einer Pinzette entfernen.*

*Das Gericht lässt sich auch mit tiefgekühlten Fischfilets herstellen. Die Fischfilets müssen vorher nicht aufgetaut werden.*

*Dazu schmecken Kartoffeln und grüner Salat.*

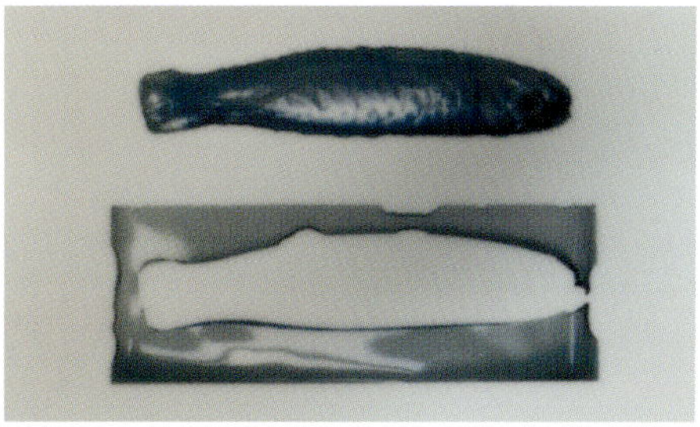

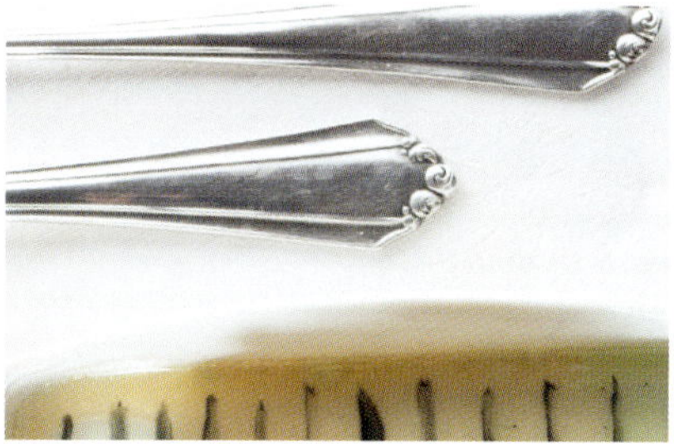

# Tomaten fisch

## Zutaten

4 Fischfilets (z.B. Seelachs. Rotbarsch oder Kabeljau)

Zitronensaft einer halben Zitrone

Salz, Pfeffer

1 Bund Basilikum

1 EL Kapern

2 EL Olivenöl

4 Tomaten

50 ml Wasser

## Anleitung

1. Den Backofen auf 200 Grad vorheizen.
2. Fischfilets kurz unter kaltem Wasser abspülen und trockentupfen. Eventuell noch vorhandene Gräten entfernen. Mit dem Zitronensaft beträufeln und mit Salz und Pfeffer würzen. Die Fischfilets in eine gefettete, ofenfeste Form legen.
3. Aus den Basilikumblättern, den Kapern und dem Olivenöl mit einem Pürierstab eine Paste herstellen.
4. Die Fischfilets mit der Paste bestreichen.
5. Tomaten waschen, halbieren und entkernen. Dann in kleine Würfel schneiden. Diese auf den Fischfilets verteilen.
6. 50 ml Wasser in die Form geben und den Fisch etwa. 25 Minuten im Ofen backen.

## Zubereitungszeit

45 Min.

## Tipp

Bei der Zubereitung von Fisch immer die 3-S-Regel (Säubern – Säuern – Salzen) beachten.
Säubern:
Den Fisch waschen und trockentupfen.
Säuern:
Den Fisch mit Zitronensaft beträufeln. Dadurch wird der Fisch fester und zerfällt nicht so schnell.
Salzen:
Kurz vor oder nach dem Garen salzen.

# Seelachs mit Zucchinikruste

## Zutaten

4 Seelachsfilets

Zitronensaft einer halben Zitrone

400 g Zucchini

2 Knoblauchzehen

3 EL Olivenöl

25 g Margarine

Salz, Pfeffer

1 – 2 getrocknete Chilischoten

5 – 6 EL Semmelbrösel

6 EL gehackte glatte Petersilie

## Anleitung

1. Den Ofen auf 200 Grad vorheizen.
2. Fischfilets säubern, mit Zitronensaft säuern und salzen.
3. Zucchini waschen, putzen und fein würfeln. Knoblauch schälen und fein hacken.
4. Öl und Margarine in einer Pfanne erhitzen. Zucchiniwürfel und Knoblauch darin leicht andünsten. Mit Salz, Pfeffer und zwischen den Fingern zerriebenem Chili würzen und abschmecken.
5. Semmelbrösel und Petersilie untermischen.
6. Die Fischfilets in eine gefettete, ofenfeste Form legen und die Semmelbrösel-Gemüse-Masse darauf verteilen.
7. Etwa 25 bis 30 Minuten bei 200 Grad backen.

## Zubereitungszeit

25 Min. Vorbereitungszeit
25 – 30 Min. Garzeit

## Tipp

*Statt Seelachsfilet kann auch anderes festfleischiges Fischfilet wie z.B. Kabeljau oder Rotbarsch verwendet werden.*

# Würzfisch

## Zutaten

4 Stück Rotbarschfilet

Saft einer Zitrone

3 TL Kräutersalz

1 ½ TL Paprikapulver edelsüß

2 EL Öl

2 EL Margarine

## Anleitung

1. Die Fischfilets säubern und mit Zitronensaft säuern.
2. Kräutersalz und Paprikapulver mischen. Die Fischfilets damit würzen.
3. Öl und Margarine in einer Pfanne zerlassen. Die gewürzten Fischfilets von beiden Seiten anbraten.

## Zubereitungszeit

20 Min.

## Tipp

*Mit Zitronen- oder Limettenscheiben garniert servieren.*

*Rotbarsch kann durch andere festfleischige Fischfilets ausgetauscht werden.*

*Dazu passen Kartoffeln.*

# Lachs in Folie

## Zutaten

1 Möhre

1 kleines Stück Knollensellerie

1 kleine Stange Lauch

1 – 2 EL Öl

100 g Champignons

½ Bund gemischte Kräuter

4 Lachssteaks

Salz, Pfeffer

8 EL trockener Weißwein

## Anleitung

1. Den Ofen auf 180 Grad vorheizen.
2. Möhre und Sellerie waschen, putzen und in feine Streifen schneiden. Lauch putzen, waschen und in feine Ringe schneiden. Das Gemüse kurz in etwas Öl andünsten.
3. Champignons putzen und in feine Scheiben schneiden. Die Kräuter waschen und fein hacken.
4. 4 Alufolienstücke von etwa 30 x 30 cm vorbereiten und mit Öl bepinseln.
5. Den Fisch mit Salz und Pfeffer würzen und jeweils auf ein Stück Alufolie legen. Die Gemüsestreifen auf den Lachssteaks verteilen. Mit den Champignonscheiben belegen und die gehackten Kräuter drüberstreuen. Mit Weißwein beträufeln und die Alufolie zu Päckchen verschließen.
6. Die Fischpäckchen in den Ofen geben und für etwa 20 Minuten backen.

## Zubereitungszeit

20 Min. Vorbereitungszeit
20 Min. Backzeit

## Tipp

*Statt Lachssteaks Lachsfilet oder anderes Fischfilet verwenden.*

*Wenn Kinder mitessen, den Wein weglassen oder durch Fischfond ersetzen.*

# Fenchel Dorade

## Zutaten

4 kleine Fenchelknollen

2 Zwiebeln

1 Knoblauchzehe

1 – 2 EL Öl

Salz, Pfeffer

4 Doraden ganz, ausgenommen und geschuppt

1 Zitrone

Oregano

## Anleitung

1. Ofen auf 200 Grad vorheizen.
2. Fenchel waschen, putzen und in feine Scheiben schneiden. Das Fenchelgrün fein hacken.
3. Zwiebeln und Knoblauch schälen und fein würfen.
4. In einer Pfanne etwas Öl erhitzen und Fenchel, Zwiebeln und Knoblauch darin weich andünsten. Mit Salz und Pfeffer würzen.
5. Den Fisch waschen, mit Zitrone beträufeln und mit Salz und Pfeffer würzen. Jeweils 1 EL von dem Fenchelgemüse mit etwas Fenchelgrün in die Doraden füllen.
6. Die Doraden in eine mit Öl ausgepinselte Auflaufform legen und das restliche Fenchelgemüse darauf verteilen. Mit Oregano bestreuen.
7. Die Auflaufform mit einem Deckel oder Alufolie verschließen und 15 bis 20 Minuten im Ofen garen.

## Zubereitungszeit

20 Min. Vorbereitungszeit
15 – 20 Min. Garzeit

## Tipp

*Statt in der Auflaufform kann auch jede Dorade in Alufolie verpackt zubereitet werden.*

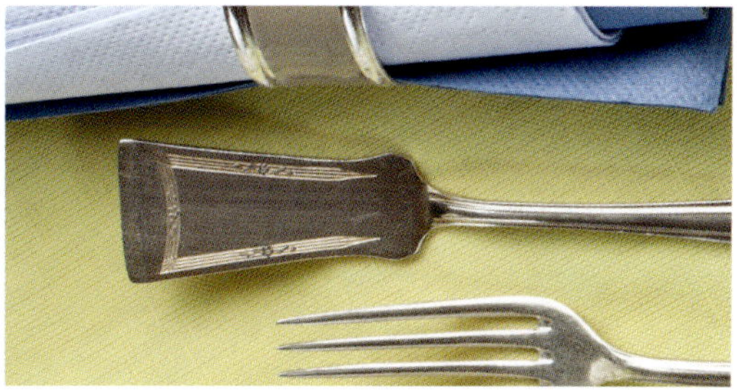

# Gegrillte Forelle

## Zutaten

3 – 4 Zweige Dill

½ Bund Schnittlauch

2 – 3 Zweige glatte Petersilie

3 – 4 Zweige Thymian

2 unbehandelte Zitronen

2 EL grüner Pfeffer

Salz

4 Forellen ganz, ausgenommen und geschuppt

Öl

## Anleitung

1. Grill im Ofen anheizen.
2. Dill, Schnittlauch und Petersilie waschen und hacken. Die Blättchen vom Thymian abzupfen. Eine Zitrone auspressen. Den Zitronensaft mit den Kräutern, grünem gemahlenen Pfeffer und Salz mischen.
3. Eine Zitrone waschen und in dünne Scheiben schneiden.
4. Die Forellen säubern und trockentupfen. Die Würzmischung in die Forellen füllen.
5. 4 Stücke Alufolie mit Öl bepinseln.
6. Jeweils einen Fisch auf ein Stück Alufolie legen und mit Zitronenscheiben belegen. Die Folie zu einem Päckchen schließen.
7. Etwa 15 Minuten im Ofen grillen und vor dem Servieren noch kurz ruhen lassen.

## Zubereitungszeit

30 Min.

## Tipp

*Die Forelle muss nicht unbedingt im Ofen zubereitet werden. Im Sommer kann sie auch auf den Grill gelegt werden.*

# Puten Aprikosen Reispfanne

## Zutaten

1 Zwiebel

1 EL Öl

300 g Putengeschnetzeltes

250 g Reis

1 – 2 TL Curry

500 ml Gemüsebrühe

1 Stange Lauch

300 g Aprikosen

1 Banane

50 g Cashewkerne

Salz, Pfeffer

## Anleitung

1. Zwiebel schälen und in kleine Würfel schneiden.
2. In einer großen, hohen beschichteten Pfanne das Öl heiß werden lassen und das Fleisch darin anbraten.
3. Die Zwiebel dazugeben und anrösten. Dann Reis und Curry zufügen und wenden, bis der Reis leicht glasig wird. Die Gemüsebrühe zugießen und in geschlossener Pfanne 15 Minuten bei mittlerer Hitze garen.
4. In der Zwischenzeit den Lauch putzen, waschen und in feine Ringe schneiden. Aprikosen ebenfalls waschen, den Stein entfernen und in Viertel oder Achtel schneiden. Banane schälen und in Scheiben schneiden.
5. Lauch, Früchte und Nüsse unter den Reistopf heben und weitere 5 Minuten garen.
6. Mit Salz, Pfeffer und Curry abschmecken.

## Zubereitungszeit

35 Min.

## Tipp

*Ein sehr fruchtiges Sommergericht. Da dieses Gericht bei meiner Familie sehr beliebt ist, bereiten wir es außerhalb der Aprikosensaison mit Früchten aus der Dose zu.*

# Sesam Pute

## Zutaten

350 g Putenfleisch

3 EL Sojasoße

300 g Brokkoli

2 Möhren

250 g Basmatireis

2 EL Sesamöl

eine Stange Zitronengras

250 g Tiefkühl-Erbsen

2 EL Sesam

## Anleitung

1. Putenfleisch abspülen, trockentupfen und klein schneiden. Mit Sojasoße etwa 15 Minuten marinieren.
2. In der Zwischenzeit Gemüse waschen und putzen. Brokkoli in kleine Röschen teilen. Möhren in Scheiben schneiden.
3. Reis nach Packungsanweisung garen.
4. Sesamöl in einer Wokpfanne heiß werden lassen und das Fleisch darin rundherum anbraten.
5. Möhren, Brokkoli und Zitronengras mit in die Pfanne geben. Etwas Wasser dazugeben. Nach 5 Minuten die gefrorenen Erbsen einstreuen und weitere 3 bis 4 Minuten dünsten.
6. Mit Salz und Pfeffer abschmecken und Zitronengras entfernen.
7. Sesam darüber streuen. Mit Basmatireis servieren.

## Zubereitungszeit

30 Min.

## Tipp

*Zitronengras bekommt man im Asialaden.*

# Puten zöpfe

## Zutaten

1 große Zwiebel

1 große Möhre

4 Putenschnitzel

2 EL Öl

Salz, Pfeffer

125 ml Hühnerbrühe

125 ml Weißwein

1 kleine Dose Mais

2 EL Aprikosenkonfitüre

## Anleitung

1. Zwiebel schälen und fein würfeln, Möhre waschen, putzen und fein würfeln.
2. Putenschnitzel in 3 Streifen schneiden (nicht ganz durchschneiden, das Fleisch sollte an einem Ende noch zusammenhängen). Die Fleischstreifen flechten und am Ende mit einem Zahnstocher zusammenstecken.
3. In einer Pfanne das Öl erhitzen und die Putenzöpfe darin rundherum anbraten. Mit Salz und Pfeffer würzen und im Ofen warm stellen.
4. Möhren und Zwiebeln in die Pfanne geben und anrösten. Mit Brühe und Wein ablöschen. Mais abtropfen lassen und zugeben. Alles etwa 10 Minuten köcheln lassen.
5. Die Soße pürieren und mit Salz und Pfeffer abschmecken.
6. Aprikosenkonfitüre erwärmen und Putenzöpfe damit einpinseln.

## Zubereitungszeit

25 – 30 Min.

## Tipp

*Durch das Pürieren wird die Soße cremig.*

*Wenn Kinder mitessen, den Wein durch mehr Brühe ersetzen.*

*Dazu schmecken Nudeln.*

# Weißwein hähnchen

## Zutaten

2 Zwiebeln

100 g geräucherter Speck

400 g Champignons

4 Hähnchenschenkel

2 EL Öl

Salz, Pfeffer

1 Lorbeerblatt

1 EL brauner Zucker

3 EL Mehl

0,7 l trockener Weißwein

## Anleitung

1. Zwiebeln schälen und fein würfeln. Speck ebenfalls würfeln. Champignons putzen. Die Hähnchenschenkel waschen und trockentupfen.
2. In einem großen Bräter oder einer großen Pfanne Öl erhitzen. Die Hähnchenschenkel darin anbraten.
3. Mit Salz und Pfeffer würzen. Speckwürfel, Zwiebeln, Champignons und Lorbeerblatt dazugeben. Zucker darüber streuen und kurz mitdünsten. Mit Mehl bestäuben und mit Weißwein ablöschen.
4. 45 Minuten im geschlossenen Topf schmoren.

## Zubereitungszeit

60 – 70 Min.

## Tipp

*Dazu passen Bandnudeln und bunter Blattsalat.*

*Champignons müssen nicht gewaschen werden. Es reicht, wenn sie mit einem Pinsel abgebürstet oder mit einem Küchentuch oder -papier abgerieben werden.*

# Hähnchen Pastis

## Zutaten

2 kleine bratfertige Hähnchen

Salz, Pfeffer

je 2 Stängel Rosmarin und Thymian

4 Lorbeerblätter

1 EL Fenchelsamen

1 EL Öl

4 EL Pastis (Anisschnaps)

750 g festkochende Kartoffeln

4 Knoblauchzehen

## Anleitung

1. Den Ofen auf 200 Grad vorheizen.
2. Hähnchen innen und außen gut waschen und trockentupfen.
3. Hähnchen innen mit Salz und Pfeffer, Rosmarin, Thymian und Lorbeer würzen. Unten mit Küchengarn zusammenbinden und anschießend mit den Fenchelsamen einreiben.
4. Einen großen Bräter, in den die beiden Hähnchen hineinpassen, mit Öl einfetten. Die Hähnchen hineinlegen und mit dem Anisschnaps bepinseln.
5. Kartoffeln waschen und eventuell schälen. Den Knoblauch schälen. Beides um das Hähnchen herum in den Topf legen.
6. Ohne Deckel im Ofen etwa 50 bis 60 Minuten garen.

## Zubereitungszeit

15 – 20 Min. Vorbereitungszeit
50 – 60 Min. Garzeit

## Tipp

*Pastis ist ein typisch französischer Anisschnaps.*

*Neue Kartoffeln müssen nicht geschält werden. Es reicht, sie kurz abzubürsten und zu waschen.*

# Hähnchen Spargel Ragout

## Zutaten

1 kg Spargel

1 Prise Zucker

2 EL Zitronensaft

250 g Wildreis

400 g Hähnchenbrustfilet

2 EL Öl

Salz, Pfeffer

2 EL Mehl

250 ml Hühnerbrühe oder

Geflügelfond

½ Bund Kerbel

## Anleitung

1. Spargel waschen, schälen und die holzigen Enden abschneiden. Die Spargelstangen in etwa 4 cm lange Stücke schneiden. Diese in kochendes Salzwasser mit einer Prise Zucker und einem Spritzer Zitronensaft geben und etwa 15 Minuten garen. Den Spargel nach Ende der Garzeit mit einer Schöpfkelle herausnehmen und das Kochwasser aufbewahren.
2. Den Reis nach Packungsangabe zubereiten, während der Spargel gart.
3. In der Zwischenzeit die Hähnchenbrustfilets abspülen, trockentupfen und in Würfel schneiden.
4. In einem Topf Öl erhitzen und die Hähnchenwürfel darin rundherum anbraten. Mit Salz und Pfeffer würzen. Das Mehl darüber stäuben und die Hähnchenwürfel kurz darin wenden. Dann mit der Hühnerbrühe und etwa 250 ml Spargelkochsud ablöschen und aufkochen lassen.
5. Die Spargelstücke unterheben. Die Blättchen von den Kerbelstielen zupfen und zum Ragout geben. Mit Salz und Pfeffer abschmecken.

## Zubereitungszeit

50 – 60 Min.

## Tipp

*Es sehr leckeres Gericht zur Spargelzeit. Etwas cremiger wird das Ragout, wenn ein Schuss Soja- oder Hafercreme dazugegeben wird.*

*Statt mit Wildreis kann das Ragout auch mit Bandnudeln serviert werden.*

# Paprika hähnchen

## Zutaten

4 Hähnchenschlegel

Salz, Pfeffer, Paprika

1 kg festkochende Kartoffeln

2 – 3 Paprika

1 EL Öl

Salz, Thymian

## Anleitung

1. Den Ofen auf 200 Grad vorheizen.
2. Hähnchenschlegel waschen und trockentupfen. Salz, Pfeffer und Paprika mischen und die Hähnchenschlegel damit würzen.
3. Die Hähnchen in eine geölte Fettpfanne oder in eine große Auflaufform legen.
4. Kartoffeln waschen, schälen und vierteln. Paprikaschoten putzen, waschen und in Stücke schneiden.
5. Die Kartoffeln und Paprikastückchen mit 1 TL Salz, 1 EL Öl und Thymian mischen und um die Hähnchenschlegel herum legen.
6. 50 Minuten im Ofen backen.

## Zubereitungszeit

30 Min. Vorbereitungszeit
50 Min. Garzeit im Ofen

## Tipp

*Neue Kartoffeln müssen nicht unbedingt geschält werden. Gut waschen, Erdreste mit einer Gemüsebürste entfernen und in Stücke schneiden.*

*Statt mit Thymian können die Kartoffeln auch mit Rosmarin gewürzt werden.*

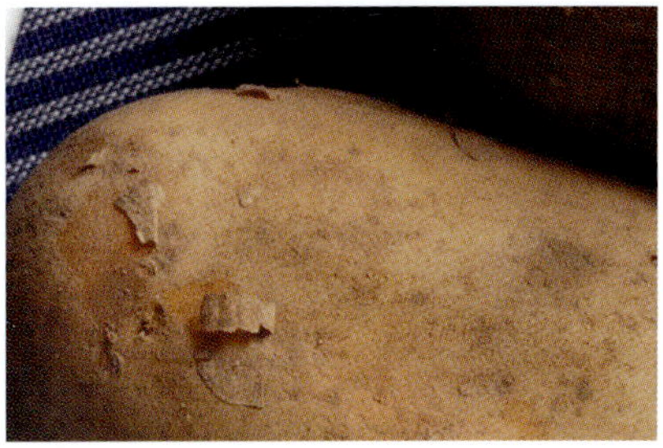

# Brokkoli nudeln

## Zutaten

500 g Brokkoli

350 ml Gemüsebrühe

500 g Nudeln

1 Zwiebel

1 EL Öl

4 Scheiben gekochter Schinken

2 TL Speisestärke

100 ml Sojacreme

Salz, Pfeffer, Muskat

## Anleitung

1. Brokkoli waschen, putzen und in Röschen teilen. Die Gemüsebrühe zum Kochen bringen und den Brokkoli darin bissfest garen.
2. Nudeln nach Packungsanweisung kochen.
3. Brokkoli abgießen und das Gemüsewasser auffangen.
4. Zwiebel schälen und in feine Würfel schneiden. Öl im Topf erhitzen und die Zwiebelwürfel darin andünsten. Schinken in Würfel schneiden und dazugeben. Mit der Brühe ablöschen.
5. Speisestärke mit etwas kaltem Wasser glattrühren und die Soße damit andicken. Sojacreme einrühren. Brokkoli kurz in der Soße erwärmen.
6. Mit Salz, Pfeffer und Muskat abschmecken und mit den Nudeln servieren.

## Zubereitungszeit

25 – 30 Min.

## Tipp

*Mit frischem Brokkoli schmeckt es am besten. Aber wenn es schnell gehen muss, verwende ich auch schon mal Tiefkühlbrokkoli, das spart das Putzen.*

*Dieses Nudelgericht ist bei meinen Kindern sehr beliebt.*

# Wurstragout mit Fenchel

## Zutaten

1 Zwiebel

2 Knoblauchzehen

250 g grobe Bratwurst oder

italienische Schweinswurst

1 – 2 EL Öl

1 TL Fenchelsamen

1 Peperoncini

1 Dose Pizzatomaten

Salz, Pfeffer

500 g Nudeln

½ Bund Rucola

## Anleitung

1. Zwiebel und Knoblauch schälen und fein würfeln.
2. Die Wurstmasse aus dem Darm drücken, zerkrümeln und mit den Zwiebel- und Knoblauchwürfeln in einem Topf in etwas Öl anbraten.
3. Fenchelsamen und zerriebene Peperoncini dazugeben. Mit den Tomaten aus der Dose ablöschen. Eventuell noch etwas Wasser zufügen. Mit Salz und Pfeffer abschmecken. Etwa 20 Minuten schmoren lassen.
4. Nudeln nach Packungsangabe in Salzwasser garen.
5. In der Zwischenzeit den Rucola waschen, putzen und fein hacken. Kurz vor dem Servieren unter die Soße heben.

## Zubereitungszeit

35 Min.

## Tipp

*Statt Rucola kann auch frischer Mangold verwendet werden.*

*Dieses Gericht stammt aus der italienischen Küche. Die italienischen Würste heißen Salsiccia. Hierzulande sind sie in italienischen Feinkostläden zu bekommen. Schmeckt aber auch mit der deutschen groben Bratwurst nach Italienurlaub.*

# Schweinefilet in Senfsoße

## Zutaten

2 Gemüsezwiebeln

2 EL Öl

2 EL Weißweinessig

200 ml Sojacreme

5 TL Senf

Salz, Pfeffer

1 Prise Zucker

500 g Schweinefilet

8 Scheiben roher Schinken

## Anleitung

1. Zwiebeln schälen, halbieren und in feine Streifen schneiden. Öl in einem Topf erhitzen und die Zwiebelstreifen darin andünsten.
2. Essig dazugeben und kurz weiterdünsten. Sojacreme und Senf zugeben, aufkochen lassen und mit Salz, Pfeffer und Zucker würzen und abschmecken.
3. Filet waschen und trockentupfen. Die Sehnen entfernen und das Filet in 2 cm dicke Scheiben schneiden. Die Filetstücke mit Salz, Pfeffer und Paprika würzen und mit Schinken umwickeln. Die Fleischpäckchen in eine Auflaufform legen. Mit der Zwiebel-Senf-Soße übergießen.
4. 45 Minuten bei 200 Grad im Ofen garen.

## Zubereitungszeit

30 Min.
45 Min. Garzeit im Ofen

## Tipp

*An Festtagen oder wenn Gäste kommen, das Gericht am Vortag vorbereiten und über Nacht im Kühlschrank lagern. Am Tag selbst muss das Fleisch dann nur noch im Ofen gegart werden.*

*Mit Bandnudeln oder Wildreis und einem Blattsalat servieren.*

# Schweinebraten

## Zutaten

3 – 4 Knoblauchzehen

3 – 4 Zweige Rosmarin

1 TL Fenchelsamen

Salz, Pfeffer

3 EL Öl

1 kg Schweinerücken

## Anleitung

1. Den Ofen auf 200 Grad vorheizen.
2. Knoblauch schälen. Die Nadeln von den Rosmarinzweigen zupfen. Beides fein hacken und mit den Fenchelsamen, Salz, Pfeffer und 2 EL Öl mischen.
3. Fleisch trockentupfen und mit der Gewürzmischung einreiben. Einen großen Bräter mit dem restlichen Öl auspinseln und das Fleisch hineinlegen.
4. 1 ½ bis 2 Stunden im Ofen braten.

## Zubereitungszeit

20 Min. Vorbereitungszeit
1 ½ bis 2 Std. Garzeit

## Tipp

*Das Gericht lässt sich auch mit einem kleineren Stück Fleisch zubereiten. Die Garzeit verkürzt sich dann entsprechend.*

*Rest in dünne Scheiben schneiden und als Aufschnitt servieren.*

*Als Beilage 1 kg festkochende Kartoffeln waschen, schälen und in große Stücke schneiden. Mit 1 EL Öl, 1 TL Salz und 1 TL gehackten Rosmarinnadeln mischen und um den Braten herumlegen.*

# Rindfleisch röllchen

## Zutaten

½ Bund Petersilie

25 g Pinienkerne

4 EL Tomatenmark

4 Scheiben Rinderrouladen

Salz, Pfeffer

kleine Holzspieße

1 – 2 EL Öl

## Anleitung

1. Für die Füllung der Rindfleischröllchen Petersilie waschen und fein hacken. Pinienkerne mahlen und mit 2 EL Tomatenmark und der Petersilie zu einer Paste verrühren.
2. Fleisch abspülen, trockentupfen und auf ein großes Brett legen. Salzen, pfeffern und auf einer Seite mit der Tomatenkräuterpaste bestreichen.
3. Die Rinderrouladen von der kurzen Seite aus fest aufrollen und mit den Holzspießen zusammenstecken. Öl in einem Schmortopf oder Bräter heiß werden lassen und die Röllchen rundherum anbraten.
4. Das restliche Tomatenmark dazugeben und mit etwa 100 ml Wasser ablöschen. Bei geschlossenem Topf und schwacher Hitze 1 ½ Stunden schmoren lassen. Zwischendurch immer wieder etwas Wasser zugeben.
5. Die Rindfleischröllchen herausnehmen und die Soße abschmecken.

## Zubereitungszeit

30 Min. Vorbereitungszeit
1 ½ Std. Garzeit

## Tipp

*Schmorgerichte haben eine lange Garzeit, damit das Fleisch zart wird. Schneller geht es in einem Schnellkochtopf. Die Röllchen in einem Schnellkochtopf anbraten, den Deckel schließen und 15 Minuten garen.*

*Variante:*
*Statt den Pinienkernen gemahlene Mandeln verwenden.*

*Dazu passen auch Bandnudeln, Salzkartoffeln oder Kartoffelklöße.*

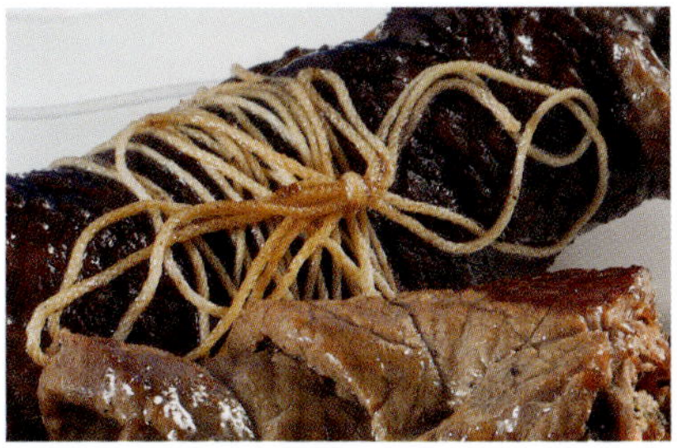

# Rindfleisch Gemüse Pfanne

## Zutaten

1 Zwiebel

2 rote Paprikaschoten

1 Brokkoli

2 Rumpsteaks (ca. 300 g)

1 – 2 EL Öl

Salz, Pfeffer

250 ml Rinderfond

2 TL Speisestärke

4 EL Sojasoße

## Anleitung

1. Zwiebel schälen, halbieren und in feine Streifen schneiden. Paprika putzen, waschen und in feine Streifen schneiden. Brokkoli waschen, putzen und in kleine Röschen teilen. Fleisch in Streifen schneiden.
2. In einer Pfanne Öl erhitzen und das Fleisch rundherum braun anbraten. Mit Salz und Pfeffer würzen, herausnehmen und zur Seite stellen.
3. Gemüse und Zwiebeln in der Pfanne andünsten und mit etwas Fond ablöschen. Die Speisestärke mit dem Rinderfond glattrühren, das Gemüse damit ablöschen und kurz aufkochen lassen.
4. Das Fleisch unterheben. Mit Sojasoße und Gewürzen abschmecken.

## Zubereitungszeit

30 Min.

## Tipp

*Zum Anbraten von Fleisch immer hoch erhitzbares Öl verwenden.*

*Das Gemüse nach Saison und Geschmack austauschen.*

*Statt Rindfleisch kann auch Schweinefleisch, Hähnchen oder Pute verwendet werden.*

# Pfeffer topf

## Zutaten

1 kg Rindergulasch

2 EL schwarze Pfefferkörner

2 – 3 Zweige Rosmarin

1 Lorbeerblatt

Salz

0,7 l trockener Rotwein

## Anleitung

1. Den Ofen auf 150 Grad vorheizen.
2. Fleisch, Kräuter und Gewürze in einen ofenfesten Topf geben.
3. Mit Rotwein begießen.
4. Den Fleischtopf aufkochen lassen und mit einem Deckel oder Alufolie fest verschließen.
5. Den Topf in den Ofen stellen und für etwa 6 bis 8 Stunden bei 150 Grad garen. Durch die lange Garzeit ist das Fleisch so zart, dass es zerfällt.

## Zubereitungszeit

15 Min. Vorbereitungszeit
6 – 8 Std. Garzeit

## Tipp

*Dieses Gericht eignet sich prima für Gäste. Während das Fleisch im Ofen schmort, bleibt viel Zeit für andere Vorbereitungen.*

# Rindfleisch Pfanne

## Zutaten

1 Stange Lauch

2 Möhren

300 g Weißkohl

150 g Champignons

1 Zwiebel

350 g Rindfleisch zum Kurzbraten

1 – 2 EL Öl

200 ml Rinderbrühe oder -fond

Salz, Pfeffer, Curry

## Anleitung

1. Gemüse waschen und putzen. Weißkohl in feine Streifen schneiden. Lauch in feine Ringe schneiden. Möhren und Champignons in Scheiben schneiden. Zwiebel schälen und in feine Streifen schneiden. Fleisch in Streifen schneiden.
2. In einer großen Pfanne Öl erhitzen und das Fleisch rundherum anbraten.
3. Die Zwiebel und das Gemüse dazugeben und nach und nach mit der Brühe ablöschen. Etwa 20 Minuten schmoren lassen.
4. Mit Salz, Pfeffer und Curry abschmecken.

## Zubereitungszeit

20 Min. Vorbereitungszeit
20 Min. Garzeit

## Tipp

*Dazu passt Reis.*

*Das Gemüse lässt sich beliebig austauschen, z.B. Chinakohl statt Weißkohl verwenden oder Frühlingszwiebeln statt Lauch.*

# Gemüse ragout

## Zutaten

1 Zwiebel

2 Kohlrabi

2 Möhren

1 – 2 EL Öl

250 g Rinderhackfleisch

Salz, Pfeffer

1 EL Mehl

250 ml Gemüsebrühe

100 ml Sojacreme

3 – 4 EL gehackte Petersilie

## Anleitung

1. Zwiebel schälen und fein würfeln. Gemüse putzen und waschen. Kohlrabi in Streifen und Möhren in Scheiben schneiden.
2. In einem großen Topf Zwiebeln in Öl andünsten. Hackfleisch dazugeben und anbraten. Mit Salz und Pfeffer würzen.
3. Das Gemüse dazugeben. Mit Mehl bestäuben und kurz umrühren. Mit der Brühe ablöschen und etwa 15 Minuten köcheln lassen.
4. Sojacreme und Petersilie hinzufügen und mit Salz und Pfeffer abschmecken.

## Zubereitungszeit

30 Min.

## Tipp

*Dazu schmeckt Reis.*

ROSTFREI

# Kohl Hack Nudeln

## Zutaten

250 g Weißkohl

1 Kohlrabi

1 Zwiebel

1 – 2 EL Öl

150 g Hackfleisch

Salz, Pfeffer, Paprika

1 Dose Pizzatomaten

500 g Nudeln

## Anleitung

1. Weißkohl waschen, putzen und in feine Streifen schneiden. Kohlrabi waschen, putzen und ebenfalls in Streifen schneiden. Die Zwiebel schälen und fein würfeln.
2. Öl in einem Topf erhitzen und die Zwiebelwürfel mit dem Hackfleisch darin anbraten. Mit Salz, Pfeffer und Paprika würzen. Weißkohl und Kohlrabi kurz mit andünsten. Mit etwas Wasser ablöschen und die Tomaten zufügen. Etwa 10 bis 15 Minuten schmoren lassen.
3. In der Zwischenzeit Nudeln nach Packungsvorschrift in Salzwasser garen lassen.
4. Die Soße abschmecken und mit den Nudeln servieren.

## Zubereitungszeit

40 Min.

## Tipp

*Im Winter und Frühjahr sind Dosentomaten eine gute und schnelle Alternative zu frischen Tomaten.*

# Lasagne

## Zutaten

Für die Hackfleischsoße:

1 Zwiebel

1 Knoblauchzehe

1 – 2 EL Öl

250 g Rinderhack

Salz, Pfeffer, Paprika

2 EL Tomatenmark

2 Dosen Tomaten

Für die helle Soße:

1 Zwiebel

1 Knoblauchzehe

1 EL Margarine

1 – 2 EL Mehl

300 ml Rinderfond

200 ml Reiscreme

Salz, Pfeffer, Muskat, Zitronensaft

250 g Lasagneblätter

5 EL Semmelbrösel

Pfeffer

3 EL gehackter Basilikum

2 EL Olivenöl

## Anleitung

1. Den Ofen auf 200 Grad vorheizen.
2. Zwiebel und Knoblauch schälen. In einer Pfanne Öl erhitzen und Hackfleisch mit Zwiebeln und Knoblauch darin rundherum anbraten. Mit Salz, Pfeffer und Paprika würzen. Das Tomatenmark zufügen und mit Dosentomaten ablöschen. Die Hackfleischsoße etwa 15 bis 20 Minuten schmoren lassen.
3. Für die helle Soße Zwiebel und Knoblauch schälen und sehr fein würfeln. In einem Topf die Zwiebel- und Knoblauchwürfel mit Margarine anschwitzen. Mit dem Mehl bestäuben und kurz umrühren. Mit Rinderfond und Reiscreme ablöschen. Die Soße kurz köcheln lassen und mit Salz, Pfeffer, Muskat und Zitronensaft abschmecken.
4. Eine eckige Auflaufform mit Öl einfetten. Zuerst einen Löffel helle Soße in die Form geben. Die erste Lage Lasagneblätter einschichten. Darauf etwas Hackfleischsoße geben und dann wieder etwas helle Soße. Nun folgt wieder eine Schicht Lasagneblätter. So weiter schichten. Zum Abschluss eine Lage Lasagneblätter auf die Hackfleischsoße und den Rest der hellen Soße über die Lasagneblätter geben.
5. Semmelbrösel mit Pfeffer und Basilikum mischen und darüber streuen. Mit dem Olivenöl beträufeln.
6. Für etwa 45 bis 50 Minuten bei 200 Grad im Ofen backen.

## Zubereitungszeit

45 Min. Vorbereitungszeit
45 – 50 Min. Garzeit

## Tipp

*Durch die Semmelbrösel bekommt die Lasagne eine leckere Kruste, die den Käse aus dem Standardrezept ersetzt.*

*Semmelbrösel lassen sich aus Brotresten oder einem vom Frühstück übrig gebliebenen Brötchen herstellen.*

Kapitel 5

# Süßes & Desserts

# Melonen Carpaccio

## Zutaten

1 Honigmelone

50 g Himbeeren

2 EL weißer Balsamico

1 TL Honig

## Anleitung

1. Melone halbieren, schälen und die Kerne entfernen.
2. In sehr feine Scheiben schneiden und fächerartig auf einem Teller anrichten.
3. Himbeeren mit Essig und Honig pürieren und mit einem Löffel über die Melonenspalten verteilen.

## Zubereitungszeit

15 Min.

## Tipp

*Statt der Honigmelone eine Netzmelone verwenden.*

# Zitronen flammerie

## Zutaten

2 unbehandelte Zitronen

4 EL Rohrohrzucker

40 g Speisestärke

Wasser

## Anleitung

1. Zitronen abwaschen. Die Schale einer Zitrone reiben.
2. Die Zitronen schälen und filetieren. Dabei den Saft auffangen. Die Zitronenfilets klein schneiden und zusammen mit dem Saft und der Schale in einen Messbecher füllen und mit Wasser auf 500 ml auffüllen.
3. Die Flüssigkeit bis auf etwa 100 ml in einen Topf geben und aufkochen lassen.
4. Die restliche Flüssigkeit mit Zucker und Speisestärke verrühren und in die kochende Flüssigkeit geben. Aufkochen lassen und etwa 1 Minute köcheln lassen.
5. Die Zitronenflammerie in Dessertschalen füllen und abkühlen lassen.

## Zubereitungszeit

ca. 20 Min. plus Abkühlzeit

## Tipp

*Schmeckt auch warm.*

*Wem das Filetieren zu aufwändig ist, kann die Zitronen auch nur auspressen. Fruchtiger schmeckt es mit Fruchtfleisch.*

# Orangen flammerie

## Zutaten:

2 Orangen mit unbehandelter Schale

Orangensaft

2 EL Rohrohrzucker

40 g Speisestärke

## Anleitung:

1. Orangen abwaschen. Die Schale einer Orange reiben.
2. Die Orangen schälen und filetieren. Dabei den Saft auffangen. Die Orangenfilets klein schneiden und zusammen mit dem Saft und der Schale in einen Messbecher füllen und mit Orangensaft auf 500 ml auffüllen. Die Flüssigkeit bis auf etwa 100 ml in einen Topf geben und aufkochen lassen.
3. Weiter verfahren wie oben.

## Zubereitungszeit:

ca. 20 Min. plus Abkühlzeit

## Tipp

*Statt Orangen Grapefruit verwenden. Dann nur Saft und Fruchtfleisch verwenden.*

# Rote Grützе

## Zutaten

500 g Beerenobst
(z.B. Johannisbeeren,
Erdbeeren, Himbeeren, Kirschen,
Stachelbeeren, Heidelbeeren)

500 ml Kirsch- oder Johannisbeersaft

1 Päckchen Vanillepuddingpulver

evtl. etwas Zucker

## Anleitung

1. Beerenobst waschen und eventuell Stiele oder Steine entfernen.
2. Saft in einen Topf geben. 100 ml Flüssigkeit zurücklassen und mit Puddingpulver verrühren.
3. Wenn der Saft kocht, das Puddingpulver einrühren und einmal aufkochen lassen.
4. Das Beerenobst in den heißen Saft geben und abkühlen lassen.

## Zubereitungszeit

ca. 20 – 30 Min. plus Abkühlzeit

## Tipp

*Beim Puddingpulver darauf achten, dass keine Milch enthalten ist. Viele Bio-Produkte enthalten keine Milch. Alternativ 40 g Speisestärke und 1 Päckchen Vanillezucker verwenden.*

*Im Winter, wenn kein frisches Beerenobst verfügbar ist, verwende ich Tiefkühlbeerenobst.*

*Wer mag, serviert Reiscreme dazu.*

# Gefüllte Nektarinen

## Zutaten

4 Nektarinen

1 EL Mandeln

1 TL Rohrohrzucker

1 EL feine Haferflocken

Margarineflöckchen

## Anleitung

1. Den Backofen auf 200 Grad vorheizen.
2. Eine flache ofenfeste Form mit Margarine auspinseln.
3. Nektarinen waschen, halbieren und mit einem kleinen Löffel leicht aushöhlen.
4. Für die Füllung Mandeln, Zucker und Haferflocken mischen und in die Nektarinenhälften füllen.
5. Die gefüllten Nektarinen in die Auflaufform setzen und kleine Margarineflöckchen darauf verteilen.
6. Etwa 15 Minuten im Ofen backen und noch warm servieren.

## Zubereitungszeit

ca. 15 Min.
15 Min. Backzeit

## Tipp

*Die Nektarinen unten etwas anschneiden, dann bleiben sie besser in der Form stehen.*

*Variante:*
*Vor kurzem habe ich das Fruchtfleisch von Pfirsichen, deren Stein schlecht zu entfernen war, in Würfel geschnitten, in 4 kleine ofenfeste Förmchen gefüllt und die Mandel-Zucker-Masse darauf verteilt. Das sah nett aus und meine Familie war begeistert.*

# Himbeer eis

## Zutaten

250 g Tiefkühl-Himbeeren

150 g Sojaschlag oder Sojajoghurt

1 – 2 EL Puderzucker

## Anleitung

1. Himbeeren etwa 5 Minuten antauen lassen.
2. Sojaschlag/Sojajoghurt und Puderzucker dazugeben.
3. Alles pürieren und sofort servieren.

## Zubereitungszeit

10 Min.

## Tipp

*Das Eis lässt sich auch mit anderem Tiefkühl-Obst, wie z.B. Erdbeeren oder Blaubeeren, herstellen.*

*Ein Sommerhit für Jung und Alt.*

# Weinschaum mit Trauben

## Zutaten

400 g grüne Weintrauben

2 Eigelb

1 EL Zucker

1 TL Zitronensaft

5 EL Weißwein

## Anleitung

1. Trauben waschen, halbieren und in Dessertgläser füllen.
2. Eigelb vom Eiweiß trennen.
3. Eigelb, Zucker, Zitronensaft und Weißwein über einem Wasserbad aufschlagen, bis eine dicke Creme entstanden ist. Achtung, die Masse darf nicht kochen, da sonst das Eigelb gerinnt.
4. Die Weincreme auf die Trauben füllen und sofort servieren, da sonst der Schaum wieder in sich zusammenfällt.

## Zubereitungszeit

15 – 20 Min.

## Tipp

*Das übrig gebliebene Eiweiß mit Zucker steif schlagen, gemahlene Nüsse oder Kokosraspeln unterheben, mit einem Teelöffel kleine Häufchen auf ein Backblech setzen und Makronen daraus backen.*

# Orangengelee

## Zutaten

6 Blatt Gelatine

Orangen für 500 ml Orangensaft

2 EL brauner Zucker oder Honig

1 Zimtstange

## Anleitung

1. Gelatineblätter in kaltem Wasser etwa 5 Minuten einweichen.
2. Orangen auspressen. Saft mit dem Zucker oder Honig und der Zimtstange erhitzen, aber nicht kochen.
3. Die Gelatineblätter ausdrücken und in dem Saft auflösen. Die Zimtstange entfernen und den Saft in 4 Glasschälchen füllen.
4. Mindestens 4 Stunden im Kühlschrank abkühlen lassen.

## Zubereitungszeit

15 Min.
plus 4 Std. Kühlzeit

## Tipp

*Kann auch mit Orangensaft zubereitet werden, schmeckt aber besser mit frisch ausgepressten Orangen.*

# Fruchtgelee

## Zutaten:

6 Blatt Gelatine

500 ml Fruchtsaft

## Anleitung:

1. Gelatineblätter in kaltem Wasser etwa 5 Minuten einweichen.
2. Danach ausdrücken, etwas Saft unterrühren und erwärmen, bis sich die Gelatine aufgelöst hat. Nicht kochen lassen.
3. Die restliche Flüssigkeit langsam dazugießen. In Dessertschalen umfüllen und mindestens 4 Stunden fest werden lassen.

## Zubereitungszeit:

15 Min.
plus 4 Std. Kühlzeit

## Tipp

*Besonders schön sieht es mit rotem Saft aus (z.B. Kirsch- oder roter Traubensaft).*

*Bei Kindergeburtstagspartys ist dieses selbstgemachte Gelee als Wackelpudding der Hit.*

# Birnen sülze

## Zutaten

1 – 2 Birnen

4 Blatt Gelatine

300 ml Traubensaft

1 Prise Zimt

1 Prise gemahlene Nelken

## Anleitung

1. Birnen waschen, schälen und in Scheiben schneiden. In Dessertschälchen füllen.
2. Gelatineblätter etwa 5 Minuten in kaltem Wasser einweichen.
3. Saft mit den Gewürzen erhitzen. Die eingeweichte Gelatine unter Rühren im Saft auflösen.
4. Dann den Saft auf die Birnen geben und für etwa. 4 Stunden kalt stellen.

## Zubereitungszeit

20 Min.
plus mind. 4 Std. Abkühlzeit

## Tipp

*Nett sieht es auch aus, wenn die Obstsülze in kleine Förmchen gefüllt und vor dem Servieren gestürzt wird.*

*Variation:*
*Statt Birnen und Traubensaft andere Obstsorten und Säfte verwenden. Je nach Obstsorte die Gewürze variieren, z.B. Kardamom mit Äpfeln und Apfelsaft.*

# Sesambananen

## Zutaten

2 Bananen

Zitronensaft

Margarine

2 TL Honig

2 EL Sesam

## Anleitung

1. Bananen schälen, längs halbieren und mit etwas Zitronensaft beträufeln, damit sie nicht so schnell braun werden.
2. Margarine in einer Pfanne erhitzen.
3. Bananen hineingeben und mit Honig beträufeln.
4. Sesam darüber streuen. Kurz braten. Die Bananen wenden und von der anderen Seite kurz braten.
5. Warm servieren.

## Zubereitungszeit

15 Min.

## Tipp

*Die Bananen sind eine tolle Nachspeise beim Grillabend. Alufolie auf den Grill legen und die Bananen dort zubereiten.*

# Bratapfel

## Zutaten

4 Äpfel

2 EL Zucker

3 EL gemahlene Nüsse

Margarine zum Ausfetten

## Anleitung

1. Den Ofen auf 200 Grad vorheizen.
2. Äpfel waschen und das Kerngehäuse mit einem Ausstecher entfernen.
3. Eine feuerfeste Form mit Margarine ausfetten. Die Äpfel in die Form stellen.
4. Zucker und Nüsse mischen und in die Äpfel füllen.
5. 25 Minuten bei 200 Grad backen.

## Zubereitungszeit

10 Min. Vorbereitungszeit
25 Min. Backzeit

## Tipp

*Nicht alle Äpfel sind für Bratäpfel geeignet. Die Sorten Boskop, Cox Orange, Elstar oder Rubinette eignen sich besonders gut.*

*Die Äpfel können auch mit Konfitüre gefüllt werden.*

*Wer mag, kann auch noch Haferflocken oder Rosinen unter die Füllung mischen.*

*Besonders gut schmecken die Bratäpfel mit einer Vanillesoße. Hierzu einfach einen Vanilledrink erhitzen und gegebenenfalls mit etwas Speisestärke andicken.*

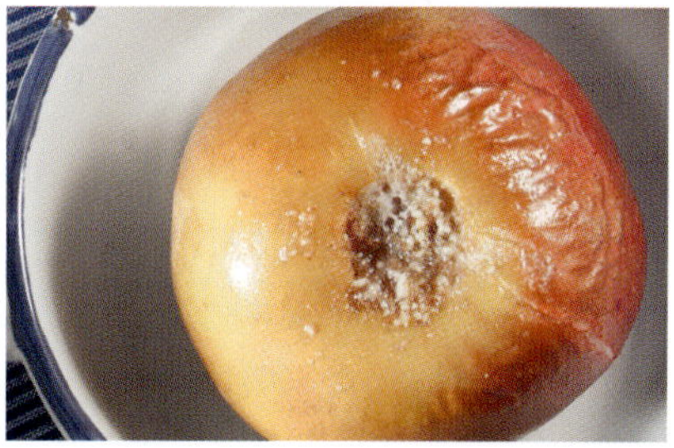

# Schoko Kirsch Dessert

## Zutaten

300 g Kirschen aus dem Glas

500 ml Haferdrink

3 EL Zucker

2 TL Kakao

2 EL gemahlene Mandeln

40 g Speisestärke

3 – 4 EL Zartbitter-Schokoraspeln oder Blockschokolade

## Anleitung

1. Kirschen abgießen und in eine Glasschale füllen.
2. 100 ml Haferdrink in einen Messbecher füllen. Den restlichen Drink mit Zucker, Kakao und Mandeln in einen Topf geben und aufkochen lassen.
3. Speisestärke mit dem Haferdrink verrühren und in die kochende Flüssigkeit geben. Aufkochen lassen und unter Rühren etwa 1 Minute weiterkochen lassen.
4. Die Schokocreme auf die Kirschen geben und abkühlen lassen. Vor dem Servieren mit Schokoraspeln oder geraspelter Blockschokolade bestreuen.

## Zubereitungszeit

ca. 20 Min. plus 1 Std. Abkühlzeit

## Tipp

*Im Sommer zur Kirschenzeit verwende ich frische Kirschen, die ich vorher entsteine.*

*Bei den Schokoraspeln darauf achten, dass keine Milch enthalten ist, sonst Blockschokolade mit einer Reibe raspeln.*
*Blockschokolade vor dem Raspeln kurz in das Tiefkühlfach legen, dann schmilzt sie nicht so schnell.*

# Schoko pudding

## Zutaten

400 ml Kokosmilch

100 ml Apfelsaft

2 TL Backkakao

2 Päckchen Vanillezucker

50 g Grieß

## Anleitung

1. Kokosmilch, Apfelsaft, Backkakao und Vanillezucker in einen Topf geben und aufkochen lassen.
2. Den Grieß einstreuen und umrühren.
3. Etwa 5 Minuten quellen lassen, in Dessertschälchen umfüllen und abkühlen lassen.

## Zubereitungszeit

15 – 20 Min. plus 1 Std. Abkühlzeit

## Tipp

*Vanillezucker kann man selbst herstellen, indem man 1 kg Zucker in ein großes Glas füllt, eine Vanilleschote aufschlitzt und in den Zucker steckt. Das Glas verschließen und etwa 2 Wochen ziehen lassen.*

*Variation:*
*Obststückchen in die Dessertschälchen geben und den Schokopudding darauf füllen.*

# Tiramisu

## Zutaten

1 Packung Löffelbiskuits

150 ml Espresso

40 g Speisestärke

500 ml Hafer- oder Reisdrink

2 Päckchen Vanillezucker

20 g Zucker

500 g Soja-Vanillejoghurt

1 – 2 TL Kakaopulver

## Anleitung

1. Eine eckige Form mit Löffelbiskuits auslegen.
2. Espresso kochen und etwas abkühlen lassen.
3. Biskuits mit dem Espresso beträufeln.
4. Die Speisestärke mit 100 ml des Hafer- oder Reisdrinks glattrühren.
5. Die restliche Flüssigkeit zusammen mit Vanillezucker und Zucker aufkochen lassen. Die glattgerührte Speisestärke einrühren und kurz aufkochen lassen.
6. Den Pudding etwas abkühlen lassen und das Soja-Vanillejoghurt unterrühren. Die Masse auf die getränkten Löffelbiskuits geben und glattstreichen.
7. Kakaopulver durch ein kleines, feines Sieb gleichmäßig auf die Masse streuen.
8. Kalt stellen und 8 Stunden durchziehen lassen.

## Zubereitungszeit

ca. 40 Min.
8 Std. durchziehen lassen

## Tipp

*Mit dieser milchfreien Variante von Tiramisu muss nicht auf die beliebte Nachspeise bei Festen verzichtet werden.*

*Reicht für 6 – 8 Personen.*

# Himbeer Tiramisu

## Zutaten

15 bis 20 Löffelbiskuits

300 g Himbeeren

40 g Speisestärke

300 ml Reisdrink

200 ml Reiscreme

2 Päckchen Vanillezucker

20 g Zucker

2 EL Mandelblättchen

1 TL brauner Zucker

## Anleitung

1. Eine eckige Form mit Löffelbiskuits auslegen.
2. Himbeeren waschen, pürieren und über die Biskuits verteilen.
3. Speisestärke mit 100 ml Reisdrink glattrühren. Den restlichen Reisdrink mit Reiscreme, Vanillezucker und Zucker aufkochen lassen. Die glattgerührte Speisestärke einrühren und kurz aufkochen lassen.
4. Den Pudding auf die getränkten Löffelbiskuits geben und glattstreichen.
5. Mandelblättchen mit braunem Zucker mischen und die Creme damit bestreuen.
6. Kalt stellen und 8 Stunden durchziehen lassen.

## Zubereitungszeit

ca. 30 Min.
8 Std. durchziehen lassen

## Tipp

*Lässt sich gut vorbereiten.*

*Schmeckt auch mit Erdbeeren.*

*Außerhalb der Beerensaison verwende ich Tiefkühlfrüchte.*

# Karamell creme

## Zutaten

Für 4 kleine Souffléförmchen

<u>Für das Karamell:</u>

2 EL Zucker

10 g Margarine

3 EL Wasser

<u>Für die Vanillecreme:</u>

2 Eier

15 g Zucker

200 ml Vanillegetränk
(z.B. Hafer oder Soja)

## Anleitung

1. Zucker, Margarine und Wasser in einem Topf karamellisieren lassen.
2. In die Förmchen füllen. Die Förmchen in eine flache Auflaufform stellen.
3. Eier und Zucker schaumig rühren.
4. Vanilledrink leicht erwärmen und unter die Eiermasse rühren. Die Eiermasse in die Förmchen füllen.
5. Heißes Wasser in die Auflaufform füllen.
6. Etwa 35 Minuten bei 120 Grad im Wasserbad garen.
7. 3 Stunden kalt stellen.
8. Die Karamellcreme auf Teller stürzen und servieren.

## Zubereitungszeit

35 – 40 Min. Vorbereitungszeit
35 Min. Garzeit im Ofen
3 Std. Abkühlzeit

## Tipp

*Die Karamellcreme lässt sich besser stürzen, wenn die Förmchen vorher kurz in warmes Wasser gestellt werden.*

# Apfel Grießbrei

## Zutaten

4 Äpfel

100 ml Apfelsaft

150 ml Wasser

50 g Grieß

2 EL Mandelblättchen

oder Zimt und Zucker

## Anleitung

1. Äpfel waschen, schälen und in Stücke schneiden.
2. Die Apfelstückchen mit Wasser und Apfelsaft in einen Topf geben und ankochen lassen. Die Äpfel etwa 2 bis 3 Minuten dünsten.
3. Grieß einrühren und den Apfelbrei etwa 5 Minuten quellen lassen.
4. Mandelblättchen oder Zimt und Zucker darüber streuen und noch warm servieren.

## Zubereitungszeit

ca. 20 Min.

## Tipp

*Besonders gut eignen sich Äpfel der Sorten Elstar, Jonagold, Delicious oder Rubinette.*

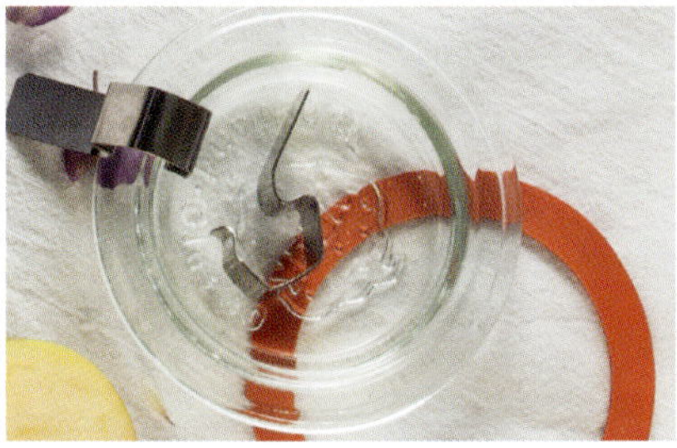

# Grießklößchen mit Kompott

## Zutaten

500 ml Soja- oder Haferdrink

200 g Weichweizengrieß

2 TL Zucker

50 g Margarine

4 Äpfel

Zimt und Zucker

## Anleitung

1. Sojadrink aufkochen lassen, Grieß und Zucker einstreuen und unterrühren.
2. Etwa 10 Minuten quellen und kurz abkühlen lassen.
3. Mit zwei Teelöffeln aus der Masse kleine Klößchen herausstechen und formen.
4. Margarine in einer Pfanne erhitzen und die Grießklößchen darin anrösten.
5. Für das Kompott die Äpfel waschen, schälen, das Kerngehäuse entfernen und in etwas Wasser kurz andünsten.
6. Etwas Zimt mit Zucker mischen, die Klößchen damit bestreuen und mit dem Kompott servieren.

## Zubereitungszeit

50 Min.

## Tipp

*Schmeckt auch gut mit Kompott aus anderen Früchten wie z.B. Aprikosen, Birnen oder Zwetschgen.*

# Milchreis

## Zutaten

250 g Milchreis

1 l Vanilledrink

## Anleitung

1. Vanilledrink und Reis unter Rühren aufkochen lassen.
2. Etwa 30 Minuten quellen lassen.

## Zubereitungszeit

45 Min.

## Tipp

*Vorsicht: setzt leicht an, daher zwischendurch immer wieder umrühren.*

*<u>Variation:</u>*
*Mit Reisdrink natur zubereitet und mit Zimt und Zucker bestreut, schmeckt dieses Gericht auch sehr gut.*

*Eine weitere Variante: den Reis mit Kokosmilch zubereiten.*

Kapitel 6

# Süß & herzhaft backen

# Mandel kekse

## Zutaten

3 Eier

175 g Zucker

1 Päckchen Vanillezucker

300 g Mehl

½ Päckchen Backpulver

200 g ganze Mandeln

100 g blanchierte gemahlene Mandeln

## Anleitung

1. Den Backofen auf 175 Grad vorheizen.
2. Eier mit Zucker und Vanillezucker schaumig schlagen.
3. Mehl mit Backpulver mischen und mit den ganzen und gemahlenen Mandeln unterrühren.
4. Aus dem Teig drei gleich große Rollen formen und auf ein mit Backpapier ausgelegtes Backblech legen.
5. Etwa 35 Minuten backen.
6. Die noch warmen Rollen in Scheiben schneiden und die Kekse wieder auf das Backblech legen.
7. Weitere 5 Minuten im Ofen backen.

## Zubereitungszeit

ca. 30 Min.
plus 40 Min. Backzeit

## Tipp

*Die Mandelkekse sind ein traditionelles italienisches Gebäck. Durch das doppelte Backen werden sie mürbe und halten längere Zeit.*

*Ich genieße sie gerne mit einem Espresso oder Cappuccino.*

# Schnelle Haferplätzchen

## Zutaten

125 g Margarine

125 g Zucker

1 Päckchen Vanillezucker

1 Ei

1 Prise Salz

80 g gemahlene Mandeln

90 g feine Haferflocken

80 g Mehl

## Anleitung

1. Den Ofen auf 175 Grad vorheizen.
2. Margarine, Zucker, Vanillezucker, Ei und Salz schaumig rühren.
3. Mandeln, Haferflocken und Mehl untermischen.
4. Kleine Kugeln formen und auf ein Blech setzen.
5. 15 Minuten bei 175 Grad backen.

## Zubereitungszeit

30 Min.
15 Min. Backzeit

## Tipp

*Ein schnelles Keksrezept, bei dem auch kleine Kinder schon gut helfen können.*

# Schnee flöckchen

## Zutaten

250 g Margarine

100 g Puderzucker

1 Päckchen Vanillezucker

100 g Mehl Type 405

250 g Speisestärke

## Anleitung

1. Margarine, Puderzucker und Vanillezucker schaumig rühren.
2. Mehl und Speisestärke mischen, sieben und vorsichtig unter den Teig heben.
3. Den Teig in 3 bis 4 Stücke teilen und Rollen mit einem Durchmesser von einem 1-Euro-Stück formen.
4. Gleichmäßige daumendicke Stücke abschneiden und Kugeln daraus formen.
5. Die Kugeln mit einer Gabel breit drücken und auf ein Backblech legen.
6. 10 bis 12 Minuten im vorgeheizten Backofen bei 200 Grad backen.

## Zubereitungszeit

45 Min.
10 – 12 Min. Backzeit

## Tipp

*Vor dem Verzehr 3 – 4 Tage ruhen lassen.*

*Das Gebäck heißt Schneeflöckchen, da sie wie Schnee auf der Zunge schmelzen.*

# Schoko würfel

## Zutaten

250 g Blockschokolade

250 g Margarine

200 g Zucker

6 Eier

250 g gemahlene Haselnüsse

100 g Vollkornmehl

## Anleitung

1. Die Schokolade raspeln.
2. Margarine, Zucker und Eier schaumig schlagen.
3. Haselnüsse mit Mehl und Schokolade mischen und unter den Teig rühren.
4. Den Teig auf ein gefettetes oder mit Backpapier ausgelegtes Blech streichen.
5. Bei 175 Grad 30 Minuten backen.
6. Noch warm in Würfel schneiden.

## Zubereitungszeit

30 Min.
plus 30 Min. Backzeit

## Tipp

*Das Vollkornmehl schmeckt man nicht heraus.*

*Variationen:*
*Statt Haselnüssen können auch gemahlene Mandeln verwendet werden.*

# Nussecken

## Zutaten

Zutaten für den Teig:

300 g Mehl

1 TL Backpulver

100 g Zucker

1 Päckchen Vanillezucker

2 Eier

125 g Margarine

Zutaten für den Belag:

6 EL Aprikosenmarmelade

200 g Margarine

5 EL Wasser

125 g Zucker

1 Päckchen Vanillezucker

200 g gemahlene Haselnüsse

200 g gemahlene Mandeln

## Anleitung

1. Den Ofen auf 180 Grad vorheizen.
2. Mehl mit Backpulver mischen.
3. Mit Zucker, Vanillezucker, Eiern und 125 g Margarine zu einem glatten Teig verkneten. Den Teig auf ein gefettetes oder mit Backpapier ausgelegtes Backblech ausrollen.
4. Aprikosenmarmelade auf den Teig geben, gleichmäßig darauf verteilen und glattstreichen.
5. Für den Belag Margarine, Wasser, Zucker und Vanillezucker in einen Topf geben und schmelzen lassen.
6. Wenn die Margarine geschmolzen ist, die Haselnüsse und Mandeln unterheben.
7. Die Masse auf dem Teig verteilen und glatt streichen.
8. Etwa 25 bis 30 Minuten bei 180 Grad backen.
9. Noch warm in Ecken schneiden. Hierzu, wie in der Abbildung erst in gleichmäßige Rechtecke schneiden.

## Zubereitungszeit

ca. 45 Min.
plus 30 Min. Backzeit

## Tipp

*Die Nussecken halten sich in einer Metalldose verpackt etwa 2 Wochen.*

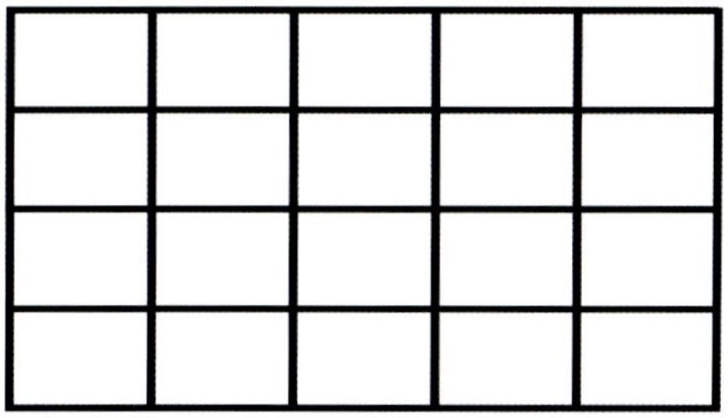

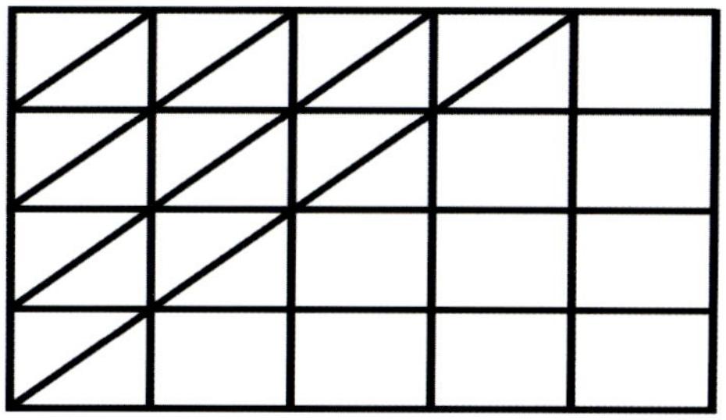

*Erst vertikal und horizontal schneiden. Dann diagonal schneiden.*

# Muffins

## Zutaten

200 g Beerenobst
(z.B. Himbeeren, Johannisbeeren, Blaubeeren, Erdbeeren)

2 Eier

4 EL Wasser

60 g Zucker

100 g Mehl

1 TL Backpulver

2 TL Puderzucker zum Bestreuen

## Anleitung

1. Den Ofen auf 180 Grad vorheizen.
2. Das Obst waschen und putzen.
3. Eier trennen. Die Eigelbe mit 4 EL Wasser und dem Zucker schaumig schlagen.
4. Mehl mit Backpulver mischen und vorsichtig unterheben.
5. Die Eiweiße zu Eischnee schlagen und ebenfalls vorsichtig unterheben.
6. Den Teig auf 12 Muffinförmchen verteilen. Das Beerenobst auf den Teig setzen.
7. 18 bis 20 Minuten bei 180 Grad backen.
8. Die Muffins auf einem Kuchengitter abkühlen lassen und mit Puderzucker bestreuen.

## Zubereitungszeit

ca. 20 Min.
plus 20 Min. Backzeit

## Tipp

*Statt frischen Beeren einfach Tiefkühlobst verwenden.*

*Da sich Muffins gut transportieren lassen und bei Kindern und Jugendlichen sehr beliebt sind, das ideale Gebäck für Kindergarten- und Schulfeste.*

# Biskuitrolle

## Zutaten

3 Eier

5 – 6 EL warmes Wasser

100 g Zucker

1 Päckchen Vanillezucker

100 g Weizenmehl Type 405

50 g Speisestärke

1 gestrichener TL Backpulver

250 g Konfitüre oder Fruchtaufstrich

Puderzucker zum Bestäuben

## Anleitung

1. Den Ofen auf 180 bis 200 Grad vorheizen.
2. Eigelb und Eiweiß trennen. Ein Backblech mit Backpapier auslegen.
3. Eigelb und Wasser schaumig schlagen. Zucker und Vanillezucker nach und nach dazugeben, bis eine helle, cremeartige Masse entsteht.
4. Eiweiß steif schlagen und unterheben. Mehl, Stärke und Backpulver mischen, sieben und vorsichtig unterheben.
5. Die Masse auf dem Backblech verteilen.
6. 10 bis 15 Minuten bei 200 Grad backen.
7. In der Zwischenzeit ein sauberes Geschirrtuch mit etwas Zucker bestreuen.
8. Den fertigen Biskuit sofort auf das Geschirrtuch stürzen und das Backpapier vorsichtig abziehen.
9. Schnell mit Konfitüre bestreichen und mit Hilfe des Geschirrhandtuches aufrollen.
10. Mit Puderzucker bestäuben.

## Zubereitungszeit

40 Min.
10 – 15 Min. Backzeit

## Tipp

*Die Backzeit ist sehr kurz und darf nicht überschritten werden, da der Biskuit sonst zu fest wird und nicht mehr aufgerollt werden kann.*

*Schmeckt besonders gut mit einem selbst hergestellten Erdbeerfruchtaufstrich. Hierzu Erdbeeren mit einem Gelierzucker für kalt gerührte Fruchtaufstriche pürieren.*

# Früchte crumble

## Zutaten

750 g Obst (z.B. Äpfel, Johannisbeeren, Zwetschgen, Rhabarber)

200 g Margarine

200 g Mehl

200 g gemahlene Mandeln

150 g Zucker

1 Päckchen Vanillezucker

## Anleitung

1. Den Backofen auf 200 Grad vorheizen.
2. Obst waschen, putzen und in Stücke schneiden.
3. Margarine mit Mehl, Mandeln, Zucker und Vanillezucker mischen und zu einem krümeligen Teig verarbeiten.
4. Die Hälfte der Teigkrümel in eine Springform geben und andrücken, sodass ein glatter Boden entsteht.
5. Das Obst darauf verteilen.
6. Die restlichen Teigkrümel über das Obst verteilen.
7. 25 Minuten backen bei 200 Grad.

## Zubereitungszeit

ca. 30 Min.
plus 25 Min. Backzeit

## Tipp

*Nussallergiker können die Mandeln auch durch 100 g Vollkornmehl ersetzen.*

*Ohne Ei!*

*An diesem Kuchen gefällt mir, dass er sich zu jeder Jahreszeit mit dem Obst, das gerade Saison hat, zubereiten lässt.*

# Johannisbeer kuchen

## Zutaten

Zutaten für den Teig:

300 g Mehl

175 g Margarine

100 g Zucker

2 Eigelb

Zutaten für den Belag:

1 Eigelb

3 EL Semmelbrösel

50 g gemahlene Mandeln

1 EL Zucker

Zutaten für die Baisermasse:

3 Eiweiß

150 g Zucker

150 g gemahlene Mandeln

500 g rote Johannisbeeren

## Anleitung

1. Den Ofen auf 175 Grad vorheizen.
2. Eier trennen.
3. Für den Teig alle Zutaten zu einem Mürbteig verarbeiten.
4. Den Teig ausrollen, in eine gefettete Springform geben und am Rand hochziehen. Mit einer Gabel einstechen.
5. Ein Eigelb verquirlen und den Teig damit bestreichen.
6. Semmelbrösel, Mandeln und Zucker mischen und darauf verteilen.
7. 15 Minuten bei 175 Grad backen.
8. In der Zwischenzeit das Eiweiß mit dem Zucker steif schlagen. Mandeln und Johannisbeeren unterheben und auf dem Kuchen verteilen.
9. Weitere 30 bis 35 Minuten bei 175 Grad backen.

## Zubereitungszeit

40 Min.
45 Min. Backzeit

## Tipp

*Der Teig wird mit einer Gabel eingestochen, damit er keine Blasen wirft.*

*Ein Kuchen für die Kuchentafel im Garten an einem schönen Frühsommernachmittag.*

# Beeren clafoutis

## Zutaten

400 g Beeren
(z.B. Himbeeren, Johannisbeeren, Brombeeren und Blaubeeren)

2 Eier

1 Prise Salz

200 g Mehl

200 g Sojajoghurt natur

125 ml Sojadrink

50 g Zucker

Margarine zum Einfetten

Puderzucker zum Bestäuben

## Anleitung

1. Beeren waschen und putzen.
2. Ofen auf 200 Grad vorheizen.
3. Eine runde, flache Auflaufform einfetten.
4. Eigelb und Eiweiß trennen.
5. Eiweiß mit Salz steif schlagen.
6. Eigelb mit Mehl, Sojajoghurt, Sojagetränk und Zucker zu einer Masse verrühren.
7. Das Eiweiß vorsichtig unterheben.
8. Den Teig in die Form füllen.
9. Die Beeren darauf verteilen.
10. 30 Minuten bei 200 Grad backen.
11. Mit Puderzucker bestreuen und servieren.

## Zubereitungszeit

30 Min.
plus 30 Min. Backzeit

## Tipp

*Schmeckt am besten warm.*

*Clafoutis stammt aus der französischen Küche. Es ähnelt einem dicken Pfannkuchen.*

*Variationen:*
*Statt Beeren Aprikosen, Kirschen oder Zwetschgen verwenden.*

# Obststreusel kuchen

## Zutaten

Für den Teig:

400 g Weizenmehl

50 g Zucker

1 Päckchen Vanillezucker

1 Würfel Hefe

50 g Margarine

¼ l Reis- oder Haferdrink

Für den Belag:

1 ½ kg Obst nach Saison (Äpfel, Birnen, Kirschen, Aprikosen, Pflaumen, Weintrauben, Johannisbeeren)

Für die Streusel:

250 g Mehl

150 g Zucker

200 g Margarine

1 Päckchen Vanillezucker

## Anleitung

1. Mehl, Zucker und Vanillezucker in eine große Schüssel geben. Eine Mulde formen und die Hefe darin zerbröckeln. Die Flüssigkeit und Margarine zugeben und zu einem Hefeteig verarbeiten. Den Teig etwa 30 bis 45 Minuten abgedeckt gehen lassen.
2. Obst waschen, putzen und gegebenenfalls in Stücke schneiden.
3. Den Ofen auf 200 Grad vorheizen.
4. Aus Mehl, Zucker, Margarine und Vanillezucker Streusel herstellen.
5. Den Hefeteig ausrollen und auf ein Backblech legen. Mit dem Obst belegen. Die Streusel darüber verteilen.
6. Etwa 25 bis 30 Minuten bei 200 Grad backen.

## Zubereitungszeit

30 – 40 Min. Vorbereitung
30 - 45 Min. Ruhezeit
25 – 30 Min. Backzeit

## Tipp

*Der Kuchen lässt sich mit nur einer Obstsorte oder vielen verschiedenen Obstsorten zubereiten. Ich belege den Kuchen meistens mit verschiedenen Obstsorten, dann ist für jeden Geschmack etwas dabei.*

*Ohne Ei!*

# Apfelkuchen

## Zutaten

400 g Mehl

1 ½ gestrichene TL Backpulver

3 Eier

150 g Zucker

2 Päckchen Vanillezucker

200 g Margarine

2 Gläser Apfelmus

Zimt

## Anleitung

1. Mehl mit Backpulver vermischen und mit Eiern, Zucker, Vanillezucker und Margarine einen Knetteig herstellen.
2. Den Teig mindestens 1 Stunde kühl stellen.
3. Den Ofen auf 180 Grad vorheizen.
4. 2/3 des Teiges ausrollen und auf ein gefettetes oder mit Backpapier ausgelegtes Backblech legen.
5. Apfelmus darauf geleichmäßig verteilen. Mit Zimt betreuen.
6. Den restlichen Teig ausrollen und mit einem Kuchenrad Streifen schneiden. Die Streifen diagonal gitterförmig auf den Teig legen, sodass Rauten entstehen.
7. 30 Minuten bei 180 Grad backen.

## Zubereitungszeit

45 Min.
1 Stunde Kühlzeit
30 Min. Backzeit

## Tipp

*Der Teig lässt sich auch schon einen Tag vorher zubereiten.*

*Dieses Apfelkuchenrezept stammt von meiner Oma und ist in der ganzen Familie sehr beliebt. Mit selbst hergestelltem Apfelmus schmeckt es am besten.*

# Blech kuchen

## Zutaten

Für den Belag:

750 g Äpfel

etwas Zitronensaft

etwas Zimtpulver

350 g Sauerkirschen

50 g gehackte Mandeln

1 EL Zucker

Für den Teig:

400 g Mehl

1 Päckchen Backpulver

250 g Margarine

150 g Zucker

5 Eier

60 ml Mineralwasser

## Anleitung

1. Äpfel schälen, vierteln und mit Zitronensaft beträufeln. Kirschen in ein Sieb gießen und abtropfen lassen.
2. Den Ofen auf 200 Grad vorheizen.
3. Für den Teig Mehl mit Backpulver mischen und mit allen weiteren Teigzutaten einen Rührteig herstellen.
4. Den Teig auf ein gefettetes Backblech streichen.
5. Die Äpfel einschneiden und in eine Hälfte des Teigs drücken. Die Kirschen auf der anderen Hälfte des Teigs verteilen.
6. Mandeln mit Zucker mischen und über die Kirschen streuen.
7. 40 Minuten bei 200 Grad backen.
8. Zimt mit etwas Zucker mischen. Die Kuchenhälfte mit den Äpfeln noch warm mit Zimt und Zucker bestreuen.

## Zubereitungszeit

45 Min.
40 Min. Backzeit

## Tipp

*So lassen sich zwei Kuchen in einem herstellen.*

*Variationen:*
*Das Obst austauschen, z.B. durch Aprikosen oder Zwetschgen.*

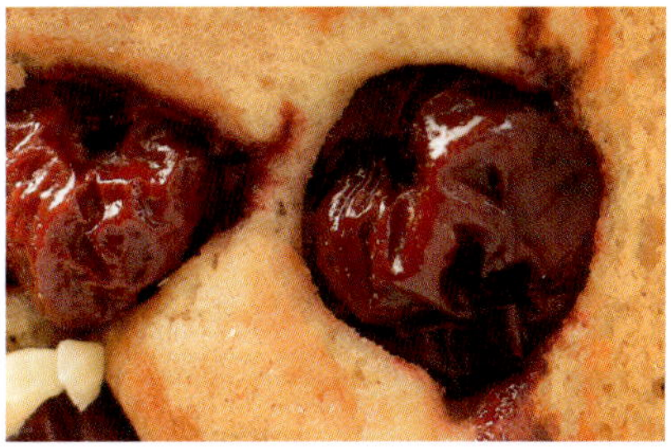

# Schneller Mandelkuchen

## Zutaten

Für den Teig:

300 g Mehl

1 Päckchen Backpulver

150 g Zucker

3 Eier

200 ml Sojadrink

Für den Belag:

100 g Margarine

75 g Zucker

100 g Mandelblättchen

## Anleitung

1. Den Ofen auf 200 Grad vorheizen.
2. Mehl mit Backpulver vermengen.
3. Alle Zutaten für den Teig miteinander vermengen und einen Rührteig daraus herstellen.
4. Die Teigmasse auf ein gefettetes oder mit Backpapier ausgelegtes Backblech streichen.
5. Etwa 13 bis 15 Minuten backen.
6. In der Zwischenzeit Margarine mit Zucker in einem Topf schmelzen lassen. Die Mandelblättchen zugeben.
7. Die Mandelmasse auf den vorgebackenen Teig verteilen. Weitere 10 bis 12 Minuten backen.

## Zubereitungszeit

45 Min. inkl. Backzeit

## Tipp

*Ein superschneller Kuchen, den man auch noch backen kann, wenn sich Besuch mal kurzfristig ankündigt.*

# Orangen kuchen

## Zutaten

Für den Teig:

150 g Mehl

1 gestrichener TL Backpulver

150 g Margarine

100 g Zucker

1 Päckchen Vanillezucker

1 Prise Salz

etwas abgeriebene Orangen- und Zitronenschale

3 Eier

Zum Tränken:

2 Orangen

1 Zitrone

etwas abgeriebene Orangen- und Zitronenschale

50 g Zucker

etwas Puderzucker zum Bestäuben

## Anleitung

1. Den Ofen auf 180 Grad vorheizen.
2. Eine Kuchenform ausfetten.
3. Orangen und Zitrone waschen und die Schale reiben.
4. Mehl mit Backpulver mischen. Alle Teigzutaten in eine große Schüssel geben und einen Rührteig daraus herstellen.
5. Den Teig in die Kuchenform füllen und etwa 45 Minuten bei 180 Grad backen.
6. In der Zwischenzeit Orangen und Zitrone auspressen und den Saft mit der restlichen Schale und dem Zucker verrühren.
7. Den Kuchen stürzen und wieder in die Form geben.
8. Mit Holzstäbchen (am besten Schaschlikspieße, da sie länger sind als Zahnstocher) einstechen und mit der Hälfte der Saftmischung beträufeln. Den Kuchen wieder stürzen und von oben einstechen und mit Saft beträufeln.
9. Mit Puderzucker bestäuben.

## Zubereitungszeit

30 Min.
45 Min. Backzeit

## Tipp

*Unbedingt unbehandelte Orangen und Zitronen verwenden.*

*Rührkuchen wird oft nachgesagt, er sei zu trocken. Dies ist jedoch ein besonders saftiger Rührkuchen.*

*Der Kuchen kann in jeder Kuchenform gebacken werden. Gegebenenfalls muss die Teigmenge vergrößert oder verkleinert werden und die Saftmenge dementsprechend angepasst werden.*

# Schoko kuchen

## Zutaten

150 g Blockschokolade

250 g Margarine

175 g Zucker

5 Eier

75 g Mehl

250 g gemahlene Mandeln

2 gestrichene TL Backpulver

Puderzucker zum Verzieren

## Anleitung

1. Schokolade raspeln.
2. Den Ofen auf 175 Grad vorheizen und eine Springform einfetten.
3. Margarine und Zucker schaumig rühren, Eier nach und nach zufügen.
4. Mehl, Mandeln und Backpulver mischen und mit den Schokoladenraspeln unter den Teig heben.
5. Den Teig in die Springform füllen.
6. 60 Minuten bei 175 Grad backen.
7. Kuchen auskühlen lassen und mit Puderzucker bestäuben.

## Zubereitungszeit

30 Min.
60 Min. Backzeit

## Tipp

*Schokolade lässt sich besser raspeln, wenn sie vorher ins Eisfach gelegt wurde.*

# Gewürz kuchen

## Zutaten

1 Apfel

100 ml Pflanzenöl

450 g Sojajoghurt

200 g Zucker

400 g Weizenmehl Type 550

100 g Vollkornweizenmehl

2 TL Natron (alternativ Backpulver)

1 TL gemahlener Zimt

½ TL gemahlener Ingwer

½ TL gemahlene Nelken

½ TL gemahlener Kardamom

½ TL Vanillemark

100 g Rosinen

## Anleitung

1. Den Ofen auf 180 Grad vorheizen.
2. Eine Kuchenform mit Margarine ausfetten.
3. Apfel schälen und reiben oder in ganz kleine Stücke schneiden.
4. Alle Zutaten und Gewürze in eine große Schüssel geben und zu einem Teig verarbeiten.
5. Den Teig in die Kuchenform füllen.
6. 50 bis 60 Minuten bei 180 Grad backen.
7. Erkaltet mit Puderzucker bestreuen.

## Zubereitungszeit

25 Min.
50 – 60 Min. Backzeit

## Tipp

*Ein toller Kuchen für die Weihnachtszeit. Er hält sich mehrere Tage und kann daher gut vorbereitet werden.*
*Ich verwende gerne eine Gugelhupfform. Nach dem Einfetten gebe ich 2 EL Semmelbrösel hinein und drehe die Form, sodass die Brösel am Fett kleben bleiben. Der Kuchen löst sich nach dem Backen besser aus der Form.*

*Ohne Ei!*

# Hefe zopf

## Zutaten

500 g Mehl

1 Würfel Hefe

60 g Zucker

250 ml Hafermilch

80 g Margarine

1 Prise Salz

## Anleitung

1. Für den Hefeteig Mehl in eine große Schüssel geben und in die Mitte eine Mulde drücken. Hefewürfel in die Mulde zerbröseln und 1 Teelöffel Zucker darüber streuen.
2. Den Haferdrink in einem Topf oder der Mikrowelle leicht anwärmen. 1/3 des Haferdrinks über die Hefe geben und mit einer Gabel mit etwas Mehl vom Rand zu einem dicken Brei verrühren. Die Schüssel mit einem sauberen Geschirrtuch abdecken und den Teig etwa 15 bis 20 Minuten gehen lassen.
3. Die restlichen Zutaten hinzufügen und mit den Knethaken des Handrührgerätes oder einer Küchenmaschine zu einem geschmeidigen Teig verarbeiten.
4. Den Teig noch mal abdecken und gehen lassen, bis er sein Volumen verdoppelt hat. Das dauert etwa 45 bis 60 Minuten.
5. Die Arbeitsfläche dünn mit Mehl bestäuben und den Teig kurz durchkneten. In 3 gleich große Stücke teilen. Aus den Teigstücken lange Stränge formen und zu einem Zopf flechten.
6. Den geflochtenen Zopf auf ein mit Backpapier belegtes Backblech legen. Den Zopf abdecken und weitere 10 bis 15 Minuten ruhen lassen.
7. In der Zwischenzeit den Backofen auf 200 Grad vorheizen.
8. Den Zopf etwa 25 bis 30 Minuten goldgelb backen.

## Zubereitungszeit

30 Min.
1,5 Std. Ruhezeit
plus 30 Min. Backzeit

## Tipp

*Vor dem Backen den Zopf mit verquirltem Eigelb bestreichen. Das gibt einen schönen Glanz. Manchmal streue ich noch Mandelblättchen oder Hagelzucker darüber.*

*Ohne Ei!*

*Variante:*
*Für ein Rosinenbrot 250 g Rosinen in den Teig einarbeiten. Statt einen Zopf zu flechten, den Teig in eine Kastenform füllen und backen.*

# Ciabatta

## Zutaten

560 g Weizenmehl Type 550

180 g Hartweizengrieß

580 ml kaltes Wasser

20 g Salz

½ Würfel Hefe

3 EL Olivenöl

## Anleitung

1. Mehl, Hartweizengrieß und 500 ml kaltes Wasser 5 Minuten in der Küchenmaschine kneten.
2. Salz zugeben und weitere 3 Minuten kneten.
3. 80 ml Wasser innerhalb von 3 Minuten langsam zugeben und weitere 2 Minuten kneten.
4. Die Hefe mit etwas Wasser verrühren, zum Teig geben und weitere 5 Minuten kneten. Der Teig sollte kleine Blasen werfen.
5. Eine große Schüssel mit Olivenöl ausfetten und den Teig hineingeben. Abdecken und bei Raumtemperatur etwa 1 ½ Stunden ruhen lassen.
6. Die Arbeitsfläche mit Mehl bestäuben und den Teig darauf kippen. Mit einer Teigkarte den Teig in 3 Teile teilen und auf ein mit Backpapier belegtes Backblech geben. Nochmals 10 Minuten gehen lassen.
7. In der Zwischenzeit den Backofen auf 250 Grad vorheizen.
8. 25 Minuten bei 250 Grad backen.

## Zubereitungszeit

40 Min.
1,5 – 2 Std. Ruhezeit
plus 25 Min. Backzeit

## Tipp

*Das Brot gelingt besonders gut, wenn der Teig mit einer Küchenmaschine geknetet wird.*

*Ciabatta stammt aus der italienischen Küche. Übersetzt ins Deutsche bedeutet Ciabatta Hausschuh oder Latsche, vermutlich wegen seiner flachen Form.*

# Baguette

## Zutaten

500 g Mehl Type 550

½ Würfel Hefe

1 Prise Zucker

ca. ¾ l lauwarmes Wasser

1 TL Salz

## Anleitung

1. 50 g Mehl, die zerbröselte Hefe, Zucker und Wasser zu einem Vorteig verarbeiten. Den Vorteig mit einem sauberen Geschirrtuch abdecken und 30 Minuten an einem warmen Ort ruhen lassen.
2. Das restliche Mehl und das Salz zugeben und alles zu einem Teig kneten. Noch mal für 30 Minuten abgedeckt ruhen lassen.
3. Den Teig gut durchkneten und zu einem oder zwei (je nach gewünschter Länge des Brotes) Baguettes formen.
4. Die geformten Brote auf ein mit Backpapier belegtes Backblech legen und mit einem scharfen Messer schräg einschneiden. Weitere 30 Minuten abgedeckt ruhen lassen.
5. In der Zwischenzeit den Ofen auf 200 Grad vorheizen.
6. Die Brote etwa 20 bis 25 Minuten bei 200 Grad backen.

## Zubereitungszeit

30 Min.
1,5 Std. Ruhezeit
plus 25 Min. Backzeit

## Tipp

*Ich stelle immer ein feuerfestes Schüsselchen mit Wasser auf den Ofenboden. So entsteht Dampf beim Backen, der das Austrocknen des Brotes verhindert.*

*Varianten:*
*Das Baguette lässt sich beliebig variieren, indem u.a. folgende Zutaten untergeknetet werden:*
*Kräuter*
*Oliven*
*Nüsse*
*getrocknete Tomaten*
*Röstzwiebeln*

# Vollkorn brötchen

## Zutaten

200 g Weizenmehl Type 1050

300 g Vollkornmehl

1 Würfel Hefe

150 g Sojajoghurt

1 TL Salz

¼ l Wasser

20 g Margarine

## Anleitung

1. Mehl in eine Schüssel geben. Eine Mulde hineindrücken und die Hefe zerkleinert hineingeben. Die restlichen Zutaten und die Flüssigkeit dazugeben, einen Teig herstellen und durchkneten. Den Teig mit einem Geschirrtuch abdecken und etwa 30 Minuten ruhen lassen.
2. Den Ofen auf 200 Grad vorheizen.
3. Den Teig noch mal durchkneten und in 12 gleich große Stücke teilen. Brötchen daraus formen und auf ein Blech legen.
4. Noch mal etwa 10 Minuten gehen lassen.
5. Etwa 20 Minuten bei 200 Grad backen.

## Zubereitungszeit

30 Min.
40 Min. Ruhezeit
20 Min. Backzeit

## Tipp

*Die Brötchen aneinander setzen und einen Brötchenkranz daraus herstellen. Mit Wasser bepinseln und mit Saaten, wie Sesam oder Sonnenblumenkernen, bestreuen.*

# Herzhafte Brötchen

## Zutaten

700 g Weizenmehl Type 1050

2 EL Roggenvollkornmehl

3 EL Weizenvollkornmehl

100 g Sesam

100 g Leinsamen

50 g Sonnenblumenkerne

½ Würfel Hefe

600 ml Wasser

## Anleitung

1. Mehl und Saaten in einer großen Rührschüssel mischen. In die Mitte eine Mulde drücken. Hefe in die Mulde bröckeln, 100 ml Wasser zufügen und mit etwas Mehl vom Rand zu einem Vorteig mischen.
2. Abdecken und 20 Minuten gehen lassen.
3. Das restliche Wasser zugeben, Teig gut kneten und weitere 2 Stunden gehen lassen.
4. Den Ofen auf 225 Grad vorheizen.
5. Den Teig in 24 gleich große Stücke teilen und Brötchen daraus formen.
6. Die Brötchen auf ein mit Backpapier ausgelegtes Backblech legen und 20 Minuten bei 225 Grad backen.

## Zubereitungszeit

45 Min.
2 Stunden Ruhezeit
20 Min. Backzeit

## Tipp

*Die Brötchen eignen sich gut als kleine Partybrötchen.*

# Blitzbrot

## Zutaten

1 Würfel Hefe

500 ml warmes Wasser

500 g Weizenvollkornmehl

80 g Haferflocken

80 g Sesamsamen

80 g Sonnenblumenkerne

2 TL Salz

2 EL Essig

## Anleitung

1. Hefewürfel in 500 ml warmem Wasser auflösen.
2. Mehl, Haferflocken, Sesam, Sonnenblumenkerne und Salz in eine große Rührschüssel geben und mit der aufgelösten Hefe vermengen. Essig zufügen und 5 Minuten gut kneten.
3. Den Teig in eine Kastenform füllen und 30 Minuten gehen lassen.
4. Den Ofen auf 200 Grad vorheizen.
5. Das Brot 60 Minuten bei 200 Grad backen.

## Zubereitungszeit

45 Min.
60 Min. Backzeit

## Tipp

*Mit nur wenig Arbeitsaufwand ist in nicht einmal zwei Stunden ein leckeres Brot auf dem Tisch.*

*Variationen:*
*Die Saaten und das Mehl lassen sich mit anderen Zutaten aus dem Vorrat austauschen. Je nach dem, was ich im Vorrat finde, mische ich die Zutaten zusammen. Mal ist es Dinkelmehl statt Weizenmehl oder Leinsamen statt Sesam.*

Hardtwald-
siedlung

# Dinkel brot

## Zutaten

600 g Dinkelvollkornmehl

400 g Dinkelmehl Type 630

2 EL Haferflocken

2 EL Sonnenblumenkerne

1 EL Leinsamen

2 EL Sesam

20 g Salz

20 g Hefe

600 ml Wasser

200 ml Haferdrink

1 TL Honig

2 EL Obstessig

## Anleitung

1. Mehl, Haferflocken, Sonnenblumenkerne, Leinsamen, Sesam und Salz in eine große Schüssel geben. In die Mitte eine Mulde hineindrücken. Hefe hineinbröckeln, langsam die Flüssigkeit zugießen und einen Hefeteig herstellen. Honig und Essig unterkneten. Den Teig gut durchkneten und etwa 1 bis 1 ½ Stunden abgedeckt ruhen lassen.
2. Nochmals durchkneten und zwei Brotlaibe daraus formen. Weitere 15 Minuten gehen lassen.
3. Den Ofen auf 250 Grad vorheizen.
4. Die Brotlaibe auf ein Backblech legen und 10 Minuten bei 250 Grad backen.
5. Den Ofen auf 200 Grad herunterschalten und weitere 15 Minuten backen.
6. Nochmals auf 175 Grad herunterschalten und in weiteren 30 Minuten fertig backen.

## Zubereitungszeit

30 Min.
1 – 1 ¾ Std. Ruhezeit
1 Std. Backzeit

## Tipp

*Eine Tasse Wasser mit in den Ofen stellen.*

*Brot und Brötchen sind gar, wenn es beim Klopfen auf der Rückseite hohl klingt.*

# Kürbis brot

## Zutaten

250 g Kürbisfruchtfleisch

2 EL Öl

100 ml Wasser

1 Würfel Hefe

1 TL Zucker

500 g Dinkelmehl

½ TL Zimt

1 TL Ingwerpulver

1 ½ TL Salz

60 g Kürbiskerne

## Anleitung

1. Kürbis waschen, schälen und das Kürbisfruchtfleisch würfeln.
2. In Öl andünsten und mit 50 ml Wasser ablöschen.
3. Etwa 10 Minuten weich dünsten.
4. Hefe mit 50 ml Wasser und Zucker verrühren und 15 Minuten gehen lassen.
5. Mehl in eine Schüssel geben. Das Kürbisfruchtfleisch mit Gewürzen pürieren und zum Mehl geben.
6. Die Hefeflüssigkeit zugießen und zu einem Teig verarbeiten. Die Kürbiskerne mit einkneten.
7. Den Teig abgedeckt etwa 45 bis 60 Minuten gehen lassen.
8. Den Teig noch mal durchkneten und in eine Kastenform legen. Weitere 30 Minuten gehen lassen.
9. Den Ofen auf 200 Grad vorheizen.
10. Etwa 35 Minuten bei 200 Grad backen.

## Zubereitungszeit

45 Min.
ca. 1 ½ Std. Ruhezeit
35 Min. Backzeit

## Tipp

*Aus dem restlichen Kürbis eine Kürbissuppe zubereiten. Ein Rezept finden Sie auf Seite 63.*

# Focaccia mit Kräutern

## Zutaten

400 g Mehl

½ Würfel Hefe oder

1 Päckchen Trockenhefe

1 Prise Zucker

300 ml Wasser

1 TL Salz

3 EL Öl

2 EL Thymianblättchen

2 EL gehackter Rosmarin

etwas Maisgrieß

etwas grobes Meersalz

## Anleitung

1. Mehl in eine große Rührschüssel füllen und in der Mitte eine Mulde bilden. Hefe hineinbröckeln und mit Zucker bestreuen. Wasser, Salz und 1 EL Öl zugeben und zu einem Hefeteig verarbeiten. Kräuter unterkneten.
2. Den Teig abgedeckt etwa 60 Minuten gehen lassen, bis sich das Volumen verdoppelt hat.
3. Noch mal gut kneten und weitere 10 Minuten gehen lassen.
4. Den Ofen auf 230 Grad vorheizen.
5. Den Teig auf Maisgrieß zu einem etwa 1 cm dicken, runden Fladen ausrollen.
6. Mit einem Finger oder dem Stiel eines Kochlöffels Löcher in den Teig bohren. Mit restlichem Olivenöl bestreichen und etwas grobes Meersalz drüberstreuen.
7. 15 bis 20 Minuten bei 230 Grad backen.

## Zubereitungszeit

30 Min.
1 – 1 ½ Std. Ruhezeit
20 Min. Backzeit

## Tipp

*Ein typisch italienisches Rezept. Es gilt als Vorläufer der Pizza. In Italien wird das Brot als Zwischenmahlzeit gegessen.*

*Variante:*
*Statt oder auch zusätzlich zu den Kräutern Oliven in den Teig einarbeiten.*

# Pizza Grundteig

## Zutaten

Für den Teig

350 g Mehl

20 g Hefe

ca. 250 ml warmes Wasser

1 EL Öl

½ TL Salz

Für die Tomatensoße:

1 Dose Pizzatomaten

oder 500 g frische Tomaten

Salz, Pfeffer, Kräuter nach Geschmack

## Anleitung

1. Mehl in eine Schüssel geben. Hefe hineinbröckeln. Wasser zugeben und kneten. Öl und Salz zugeben und weiter gut durchkneten. Den Teig etwa 30 Minuten gehen lassen.
2. Für den Belag Tomaten aus der Dose mit den Gewürzen mischen oder frische Tomaten kreuzweise einschneiden, in heißem Wasser überbrühen, häuten, entkernen, in kleine Würfel schneiden und würzen.
3. Den Ofen auf 250 Grad vorheizen.
4. Den Hefeteig noch mal durchkneten, ausrollen und auf ein Blech legen.
5. Tomatensoße darauf verteilen.
6. Für Pizzabrot für etwa 15 bis 20 Minuten backen.

## Zubereitungszeit

30 Min.
30 Min. Ruhezeit
15 – 20 Min. Backzeit

## Tipp

*Besonders würzig wird die Tomatensoße, wenn man noch 1 – 2 EL Tomatenmark unterrührt. Das klassische Pizzagewürz ist Oregano.*
*Ich gebe häufig auch Thymian oder Basilikum mit in die Tomatensoße.*

# Pizzabelag Frutti di mare

## Zutaten:

200 g Muscheln

100 g Calamari

150 g Garnelen

Knoblauch nach Geschmack

## Anleitung:

1. Pizzateig und Tomatensoße herstellen wie im Rezept oben beschrieben.
2. Den Ofen auf 250 Grad vorheizen.
3. Muscheln kochen und aus der Schale nehmen.
4. Calamari in Salzwasser weich kochen.
5. Frische Garnelen kochen.
6. Teig ausrollen und mit Tomatensoße bestreichen. Mit den Zutaten belegen.
7. Etwa 15 bis 20 Minuten bei 250 Grad backen

## Zubereitungszeit:

40 Min.
30 Min. Ruhezeit
15 – 20 Min. Backzeit

## Tipp

*Tiefgekühlte Meeresfrüchte verwenden, das spart das Vorkochen.*

# Pizzabelag Aubergine & Zucchini

## Zutaten:

1 kleine Aubergine

2 kleine Zucchini

2 Knoblauchzehen

3 – 4 EL Olivenöl

Salz, Pfeffer

## Anleitung:

1. Pizzateig und Tomatensoße herstellen wie im Rezept auf Seite 293 beschrieben.
2. Aubergine und Zucchini waschen, putzen und in Scheiben schneiden.
3. Knoblauch schälen und fein hacken.
4. Öl in einer Pfanne erhitzen und die Gemüsescheiben darin mit dem Knoblauch anbraten und mit Salz und Pfeffer würzen.
5. Den Ofen auf 250 Grad vorheizen.
6. Teig ausrollen und mit Tomatensoße bestreichen.
7. Das gebratene Gemüse auf der Pizza verteilen.
8. Etwa 15 bis 20 Minuten bei 250 Grad backen.

## Zubereitungszeit:

40 Min.
30 Min. Ruhezeit
15 – 20 Min. Backzeit

## Tipp

*Wenn Zucchini im Garten wächst, die Früchte lieber klein ernten, dann sind sie geschmackvoller.*

*Variante:*
*Gelbe statt grüne Zucchini verwenden. Auch sehr lecker, Pilze und Zwiebeln dazu.*

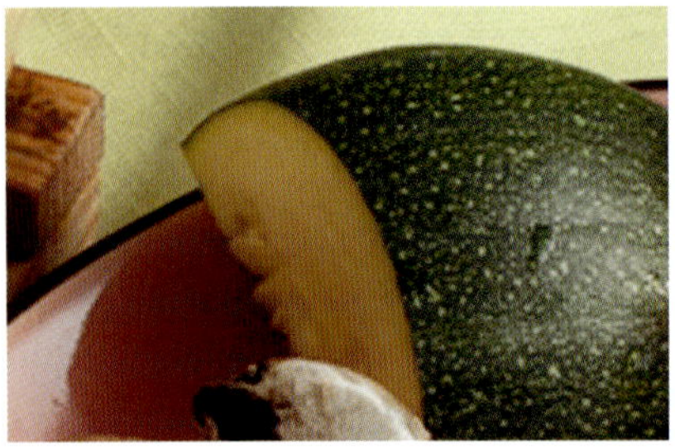

# Pizzabelag Capricciosa

## Zutaten

150 g gekochter Schinken

100 g Pilze

5 Artischockenherzen

5 Sardellenfilets

50 g schwarze Oliven

## Anleitung

1. Pizzateig und Tomatensoße herstellen wie im Rezept auf Seite 293 beschrieben.
2. Den Ofen auf 250 Grad vorheizen.
3. Schinken in Streifen schneiden.
4. Pilze putzen und in Scheiben schneiden.
5. Artischockenherzen vierteln.
6. Teig ausrollen und mit Tomatensoße bestreichen. Mit den Zutaten belegen.
7. Etwa 15 bis 20 Minuten bei 250 Grad backen.

## Zubereitungszeit

40 Min.
30 Min. Ruhezeit
15 – 20 Min. Backzeit

## Tipp

*Nach dem Backen mit etwas Olivenöl beträufeln.*

# Pizzabelag Rucola & Parmaschinken

## Zutaten:

1 Bund Rucola

2 Eiertomaten

100 g Parmaschinken

## Anleitung:

1. Pizzateig und Tomatensoße herstellen wie im Rezept auf Seite 293 beschrieben.
2. Den Ofen auf 250 Grad vorheizen.
3. Rucola waschen und putzen.
4. Tomaten waschen und in Scheiben schneiden.
5. Teig ausrollen und mit Tomatensoße bestreichen. Mit den Zutaten belegen.
6. Pizza mit Parmaschinken, Tomatenscheiben und Rucola belegen.
7. Etwa 15 bis 20 Minuten bei 250 Grad backen.

## Zubereitungszeit:

40 Min.
30 Min. Ruhezeit
15 – 20 Min. Backzeit

## Tipp

*Nach dem Backen mit etwas Chiliöl beträufeln.*

*Chiliöl ist schnell hergestellt.
2 – 3 Chilischoten in eine Flasche geben und mit gutem Olivenöl auffüllen. Vor Gebrauch etwa 1 Woche durchziehen lassen.*

# Spinat Calzone

## Zutaten

500 g frischer Blattspinat

100 g Oliven

1 EL Kapern

2 Knoblauchzehen

2 Sardellenfilets

Salz, Pfeffer

Olivenöl

## Anleitung

1. Pizzateig und Tomatensoße herstellen wie im Rezept auf Seite 293 beschrieben.
2. Den Ofen auf 250 Grad vorheizen.
3. Spinat waschen, putzen und kurz in Salzwasser kochen. Abtropfen lassen.
4. Spinat, Oliven, Kapern, Knoblauch, Sardellen fein hacken und mischen. Mit Salz und Pfeffer würzen.
5. Teig ausrollen und mit Tomatensoße bestreichen. Die Spinatmasse auf eine Hälfte verteilen.
6. Zusammenklappen und an den Rändern zusammendrücken.
7. Mit Olivenöl bestreichen.
8. Etwa 15 bis 20 Minuten bei 250 Grad backen.

## Zubereitungszeit

40 Min.
30 Min. Ruhezeit
15 – 20 Min. Backzeit

## Tipp

*Statt frischem Spinat kann auch tiefgekühlter verwendet werden.*

# Quiche Lorraine

## Zutaten

Für den Teig:

180 g Mehl

70 g Margarine

50 ml kaltes Wasser

1 Prise Salz

Für den Belag:

500 g Lauch

1 Zwiebel

1 Knoblauchzehe

1 – 2 EL Öl

2 Eier

200 ml Hafercreme

Salz, Pfeffer, Sojasoße

150 g gekochter Schinken

## Anleitung

1. Mehl, Margarine, Wasser und Salz zu einem Knetteig verarbeiten und ½ Stunde kalt stellen.
2. Den Ofen auf 180 Grad vorheizen.
3. Lauch putzen, waschen und in feine Ringe schneiden. Zwiebel und Knoblauch schälen, putzen und in feine Würfel schneiden.
4. In einer Pfanne Öl erhitzen und Zwiebeln, Knoblauch und Lauch darin andünsten. Mit Salz und Pfeffer würzen.
5. Eier mit Hafercreme mischen und mit Sojasoße, Salz und Pfeffer würzen. Den Schinken in Würfel schneiden.
6. Eine Quicheform ausfetten.
7. Teig noch mal kneten und ausrollen. In die Form geben. Den Teig an den Seitenrändern hochziehen und mit einer Gabel einstechen.
8. Das Gemüse und den Schinken auf dem Teig verteilen. Mit Eiermasse übergießen.
9. 45 Minuten bei 180 Grad backen.

## Zubereitungszeit

50 Min.
45 Min. Backzeit

## Tipp:

*Dieses Gericht aus der französischen Küche enthält eigentlich Sauerrahm und Käse. Die milchfreie Variante schmeckt aber genauso gut wie das Original.*

*Wer keine Quicheform besitzt, verwendet eine Springform.*

*Variante:*
*Würziger wird es, wenn statt gekochtem Schinken geräucherter durchwachsener Speck verwendet wird.*
*Als vegetarische Variante den Schinken durch 200 g Champignons ersetzen. Diese mit dem übrigen Gemüse andünsten.*

# Inhaltsverzeichnis

## Kapitel 4: Fisch & Fleisch ........ 139



## Kapitel 5: Süßes & Desserts ........ 201

## Kapitel 6: Süß & herzhaft backen .......... 239

# Stichwortregister

# Vielen Dank an....

So wie ein Gericht vor dem Servieren noch mal abgeschmeckt wird, wird am Ende eines Buches gedankt.

Danke, ...

Sonia, für das tolle Projekt, Deine Kreativität und die schöne Zusammenarbeit. Es hat einfach Spaß gemacht.

Moris, für die tollen Fotos, ohne die dem Kochbuch und den Rezepten die Würze fehlen würde.

Angela Johe, die uns ganz spontan für die Shootings ihr wunderbares Porzellan bereitgestellt hat.

Karl-Heinz und Siegrid, die ihr Haus für die Fotoshootings zur Verfügung gestellt haben.

Sonias Familie, die das erste, noch etwas chaotische Fotoshooting ertragen hat.

Franziska, Oscar, Pauline und Uli für das geduldige Spülen, Abräumen und Suchen bei den Fotoshootings.

Brigitte, für die Idee, ein Kochbuch zu schreiben und die wertvollen Anregungen und Rezeptideen.

Andreas S., Claudia, Brigitte, Dirk, Andreas L. und Monika für das Korrekturlesen. Ohne Korrekturleser wäre ein Buch wie ein Rezept mit falschen Mengenangaben.

Kerstin, für Rezeptideen und Anregungen einer Betroffenen.

Emma, Pauline und Wolfgang für das Probeessen und die Geduld, die Ihr mit mir hattet.

.... ohne Euch wäre das Buch wie ein Gericht ohne Salz und Pfeffer.

*Petra Kipp*